문화로 보는 일본어

일본문화 ★ 워크북으로 ★ 쉽게 ★ 배우기

文化で
見る
日本語

저자 조영남 채성식 고마쓰나나 고이데무네카즈 주현숙
감수 가토기요카타

솔과학

머 리 말

말은 문화를 비추는 거울이라고 합니다. 일본어에도 일본문화를 언급할 때 자주 사용되는 단어나 표현이 많이 있습니다. 〈문화로 보는 일본어(文化で見る日本語)〉라는 타이틀에서도 알 수 있듯이 본 교재는 일본문화와 관련된 주요 테마와 해당 키워드를 일본어로 설명함으로써 일본문화와 일본어에 대한 이해를 동시에 심화시키는 데 주된 목적이 있습니다.

본 교재는 다음과 같은 특징이 있습니다.

- 일본문화 중 특히 일상생활과 밀접한 관련이 있는 총 6개 영역의 테마와 각 테마별 총 25개의 키워드로 구성하여 단순히 일본문화에 관심이 있는 학습자뿐만이 아니라 유학, 취업, 여행 등의 목적으로 일본체류를 계획하고 있는 학습자들에게도 실질적인 도움이 되도록 하였습니다.
- 일본문화에 관한 일반적인 사항과 전문적인 사항을 균형 있게 다루고 있습니다. 각 과의 도입부에는 테마별 키워드의 총론적인 내용과 각론적인 내용을 지문의 형태로 순차적으로 제시·설명하는 한편, 보다 확장된 내용을 담은 칼럼을 후반부에 배치하여 난이도별로 기초학습과 심화학습이 단계적으로 이루어질 수 있도록 구성하였습니다.
- 실제 일본어교육현장에서 학습자의 수준에 따라 다양한 활용이 가능하도록 일본문화와 관련된 고유의 과제(task)를 각 과별로 설정하였습니다. [キーワードで見る日本文化] [話してみましょう] [調べてみましょう] 등 총 세 유형의 단계별 과제를 통해 학습자 개인의 능동적·자기주도적 학습뿐만이 아니라 그룹별 협동학습까지도 가능하도록 하였습니다.
- 학습자가 일본어 능력에 구애받지 않고 일본문화에 관한 지식을 용이하게 습득할 수 있도록 최대한 배려하였습니다. 일본어 지문에는 한국어 번역을 함께 제시하는 한편, 한자에는 후리가나를 달아 일본어에 대한 지식이 없거나 일본어 능력이 부족한 학습자라도 어려움 없이 내용을 이해할 수 있도록 하였습니다.

마지막으로 본 교재가 독자 여러분의 일본문화에 대한 심도 있는 이해에 도움이 될 수 있기를 진심으로 바랍니다.

2021.4.30. 저자 일동

차 례

구성과 특징

1

ラーメン

12 I. 食生活

I. ラーメン 13

[표지]

각 과의 제목과 관련된 사진을 제시했습니다. 사진을 보면서 자신의 경험이나 알고 있는 것에 대해 이야기하면서 워밍업을 합시다.

[본문1]

각 과의 테마와 관련된 개략적인 내용으로 되어 있습니다. 여기서는 테마에 관한 전체적인 지식을 얻는 것이 목표입니다. 또한 [본문1] [본문2] [칼럼]은 한국어로 번역을 했습니다. 초급 학습자는 일본어와 한국어를 함께 읽으면 좋습니다. 중급 이상의 학습자는 먼저 일본어 문장만 읽도록 합시다.

[본문2]

각 과의 테마와 관련된 보다 구체적인 내용에 대해 다루고 있습니다.

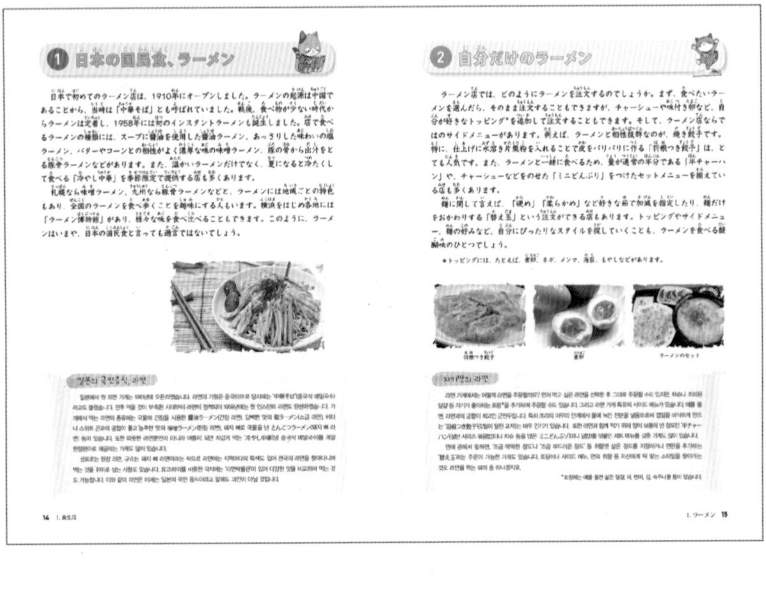
1 日本の国民食、ラーメン

日本で初めてのラーメン店は、1910年にオープンしました。ラーメンの起源は中国であることから、当時は「中華そば」とも呼ばれていました。戦後、食べ物が少ない時代からラーメンは定着し、1958年には初のインスタントラーメンも誕生しました。店で食べるラーメンの種類には、スープに醤油を使用した醤油ラーメン、あっさりした味わいの塩ラーメン、バターやコーンとの相性がよく濃厚な味の味噌ラーメン、豚の骨から出汁をとる豚骨ラーメンなどがあります。また、温かいラーメンだけでなく、夏になると冷たくして食べる「冷やし中華」を季節限定で提供する店も多くあります。

札幌なら味噌ラーメン、九州なら豚骨ラーメンなどと、ラーメンには地域ごとの特色もあり、全国のラーメンを食べ歩くことを趣味にする人もいます。横浜をはじめ各地には「ラーメン博物館」があり、様々な味を食べ比べることもできます。このように、ラーメンはいまや、日本の国民食と言っても過言ではないでしょう。

2 自分だけのラーメン

ラーメン店では、どのようにラーメンを注文するのでしょうか。まず、食べたいラーメンを選んだら、そのまま注文することもできますが、チャーシューや味付き卵など、自分が好きなトッピング*を追加して注文することもできます。そして、ラーメン店ならではのサイドメニューがあります。例えば、ラーメンと相性抜群なのが、焼き餃子です。特に、仕上げに水溶き片栗粉を入れることで皮をパリパリに作る「羽根つき餃子」は、とても人気です。また、ラーメンと一緒に食べるため、量が通常の半分である「半チャーハン」や、チャーシューなどをのせた「ミニどんぶり」をつけたセットメニューを揃えている店も多くあります。

麺に関して言えば、「硬め」「柔らかめ」など好きな茹で加減を指定したり、麺だけをおかわりする「替え玉」という注文ができる店もあります。トッピングやサイドメニュー、麺の好みなど、自分にぴったりなスタイルを探していくことも、ラーメンを食べる醍醐味のひとつでしょう。

*トッピングには、たとえば、煮卵、ネギ、メンマ、海苔、もやしなどがあります。

羽根つき餃子　煮卵　ラーメンのセット

14 I. 食生活

I. ラーメン 15

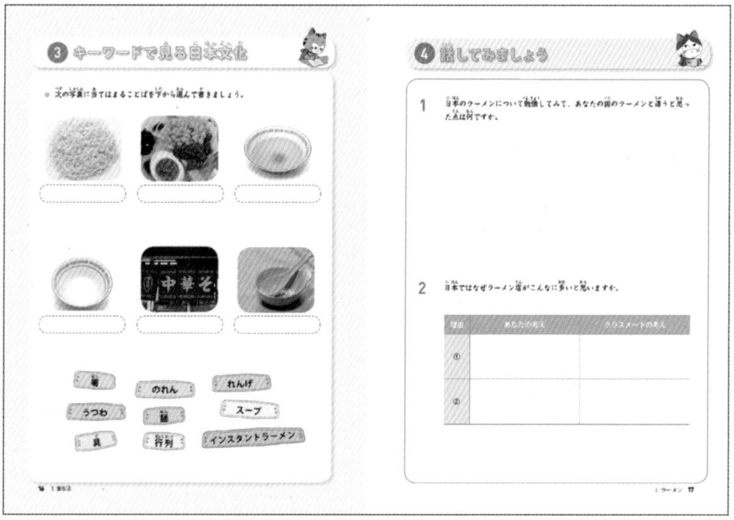

[キーワードで見る日本文化]

첫 번째 과제(task)입니다. 그림이나 사진을 보고 해당하는 표현을 선택합니다. [본문1] [본문2]에서 나온 단어를 중심으로 일본문화나 생활습관에 밀착된 표현을 제시했습니다.

[話してみましょう]

두 번째 과제(task)입니다. 질문에 대해 자신의 의견을 정리하고 나서 옆 사람이나 선생님에게 말해 봅시다. 일본어 수준에 따라서 한국어로 말해도 됩니다. 자신의 생각을 정리하고 공유할 수 있도록 합시다. 독학으로 학습하는 경우에는 자기 의견을 글로 작성해 봅시다.

[調べてみましょう]

세 번째 과제(task)입니다. 테마를 확장시켜 조사해 보는 코너입니다. 각자 조사한 내용을 발표 등의 활동으로 활용해 봅시다.

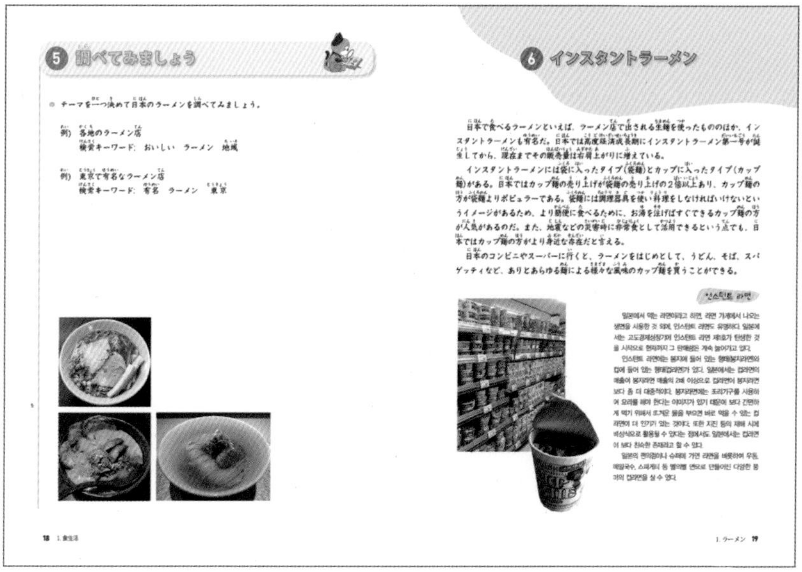

[칼럼]

테마에 대해 보다 깊게 알고 싶은 사람을 위해 [본문1] [본문2]와는 다른 관점, 혹은 확장된 내용으로 되어 있습니다

주요 학습 내용

I 食生活

1 ラーメン		
■日本の国民食、ラーメン	■自分だけのラーメン	■インスタントラーメン
2 お弁当		
■お弁当	■駅弁	■おにぎり
3 スイーツとパン		
■スイーツ大国	■日本ならではのパン	■和菓子
4 寿司		
■寿司は奈良時代から	■寿司屋特有のことば	■おもてなしと出前寿司
5 箸と食事マナー		
■和食の食事マナー	■嫌い箸	■箸と食べ物
6 飲み物		
■いろいろな飲み物	■日本のコーヒー	■ハンドドリップ器具の歴史

II 住居

7 家の中		
■スペースの活用	■畳のむかしといま	■日本の暖房
8 マイホーム		
■マイホームの夢	■コンパクトマンション	■空き家問題
9 家を借りること		
■日本の住まいの賃貸事情	■賃貸住まいの初期費用	■留学生の住まい

III 町で

10 お金		
■お金の払い方	■割り勘に対する意識	■お金という言葉の由来
11 コンビニ		
■コンビニ	■コンビニの従業員の言葉と服装	■バイト敬語
12 ファミリーレストラン		
■ファミリーレストラン	■ファミリーレストランのいろいろな工夫	■お子様ランチ
13 町づくり		
■住民が住みやすくなるための町づくり	■町の防犯「110番」	■活性化のための町おこし

I. 食生活

1 ラーメン		
■日本の国民食、ラーメン	■自分だけのラーメン	■インスタントラーメン
2 お弁当		
■お弁当	■駅弁	■おにぎり
3 スイーツとパン		
■スイーツ大国	■日本ならではのパン	■和菓子
4 寿司		
■寿司は奈良時代から	■寿司屋特有のことば	■おもてなしと出前寿司
5 箸と食事マナー		
■和食の食事マナー	■嫌い箸	■箸と食べ物
6 飲み物		
■いろいろな飲み物	■日本のコーヒー	■ハンドドリップ器具の歴史

1

ラーメン

1 日本の国民食、ラーメン

日本で初めてのラーメン店は、1910年にオープンしました。ラーメンの起源は中国であることから、当時は「中華そば」とも呼ばれていました。戦後、食べ物が少ない時代からラーメンは定着し、1958年には初のインスタントラーメンも誕生しました。店で食べるラーメンの種類には、スープに醤油を使用した醤油ラーメン、あっさりした味わいの塩ラーメン、バターやコーンとの相性がよく濃厚な味の味噌ラーメン、豚の骨から出汁をとる豚骨ラーメンなどがあります。また、温かいラーメンだけでなく、夏になると冷たくして食べる「冷やし中華」を季節限定で提供する店も多くあります。

札幌なら味噌ラーメン、九州なら豚骨ラーメンなどと、ラーメンには地域ごとの特色もあり、全国のラーメンを食べ歩くことを趣味にする人もいます。横浜をはじめ各地には「ラーメン博物館」があり、様々な味を食べ比べることもできます。このように、ラーメンはいまや、日本の国民食と言っても過言ではないでしょう。

일본의 국민음식, 라면

일본에서 첫 라면 가게는 1910년에 오픈하였습니다. 라면의 기원은 중국이므로 당시에는 '中華そば'(중국식 메밀국수)라고도 불렸습니다. 전후 먹을 것이 부족한 시대부터 라면이 정착되어 1958년에는 첫 인스턴트 라면도 탄생하였습니다. 가게에서 먹는 라면의 종류에는 국물에 간장을 사용한 醤油ラーメン(간장 라면), 담백한 맛의 塩ラーメン(소금 라면), 버터나 스위트 콘과의 궁합이 좋고 농후한 맛의 味噌ラーメン(된장 라면), 돼지 뼈로 국물을 낸 とんこつラーメン(돼지 뼈 라면) 등이 있습니다. 또한 따뜻한 라면뿐만이 아니라 여름이 되면 차갑게 먹는 '冷やし中華'(냉 중국식 메밀국수)를 계절 한정판으로 제공하는 가게도 많이 있습니다.

삿포로는 된장 라면, 규슈는 돼지 뼈 라면이라는 식으로 라면에는 지역마다의 특색도 있어 전국의 라면을 찾아다니며 먹는 것을 취미로 삼는 사람도 있습니다. 요코하마를 비롯한 각지에는 '라면박물관'이 있어 다양한 맛을 비교하며 먹는 것도 가능합니다. 이와 같이 라면은 이제는 일본의 국민 음식이라고 말해도 과언이 아닐 것입니다.

2 自分だけのラーメン

ラーメン店では、どのようにラーメンを注文するのでしょうか。まず、食べたいラーメンを選んだら、そのまま注文することもできますが、チャーシューや味付き卵など、自分が好きなトッピング*を追加して注文することもできます。そして、ラーメン店ならではのサイドメニューがあります。例えば、ラーメンと相性抜群なのが、焼き餃子です。特に、仕上げに水溶き片栗粉を入れることで皮をパリパリに作る「羽根つき餃子」は、とても人気です。また、ラーメンと一緒に食べるため、量が通常の半分である「半チャーハン」や、チャーシューなどをのせた「ミニどんぶり」をつけたセットメニューを揃えている店も多くあります。

麺に関して言えば、「硬め」「柔らかめ」など好きな茹で加減を指定したり、麺だけをおかわりする「替え玉」という注文ができる店もあります。トッピングやサイドメニュー、麺の好みなど、自分にぴったりなスタイルを探していくことも、ラーメンを食べる醍醐味のひとつでしょう。

*トッピングには、たとえば、煮卵、ネギ、メンマ、海苔、もやしなどがあります。

羽根つき餃子

煮卵

ラーメンのセット

자기만의 라면

라면 가게에서는 어떻게 라면을 주문할까요? 먼저 먹고 싶은 라면을 선택한 후 그대로 주문할 수도 있지만, 차슈나 조미된 달걀 등 자기가 좋아하는 토핑*을 추가하여 주문할 수도 있습니다. 그리고 라면 가게 특유의 사이드 메뉴가 있습니다. 예를 들면, 라면과의 궁합이 최고인 군만두입니다. 특히 조리의 마무리 단계에서 물에 녹인 전분을 넣음으로써 껍질을 바삭하게 만드는 '羽根つき餃子'(깃털이 달린 교자)는 매우 인기가 있습니다. 또한 라면과 함께 먹기 위해 양이 보통의 반 정도인 '半チャーハン'(절반 사이즈 볶음밥)이나 차슈 등을 얹은 'ミニどんぶり'(미니 덮밥)를 덧붙인 세트 메뉴를 갖춘 가게도 많이 있습니다.

면에 관해서 말하면, '조금 딱딱한 정도'나 '조금 부드러운 정도' 등 취향껏 삶은 정도를 지정하거나 면만을 추가하는 '替え玉'라는 주문이 가능한 가게도 있습니다. 토핑이나 사이드 메뉴, 면의 취향 등 자신에게 딱 맞는 스타일을 찾아가는 것도 라면을 먹는 묘미 중 하나겠지요.

*토핑에는 예를 들면 삶은 달걀, 파, 멘마, 김, 숙주나물 등이 있습니다.

3 キーワードで見る日本文化

● 次の写真に当てはまることばを下から選んで書きましょう。

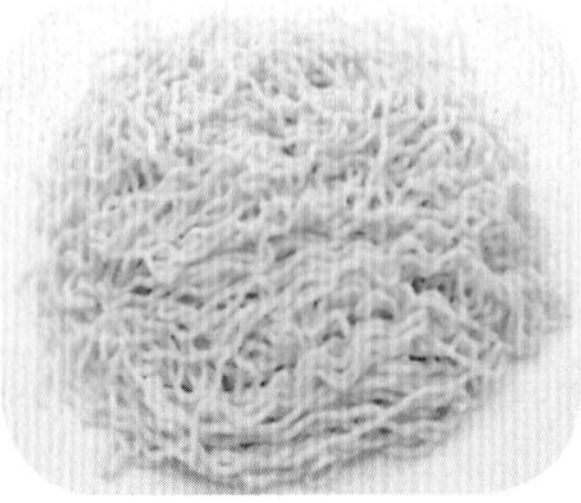

- 箸（はし）
- のれん
- れんげ
- うつわ
- 麺（めん）
- スープ
- 具（ぐ）
- 行列（ぎょうれつ）
- インスタントラーメン

4 話してみましょう

1 日本のラーメンについて勉強してみて、あなたの国のラーメンと違うと思った点は何ですか。

2 日本ではなぜラーメン店がこんなに多いと思いますか。

理由	あなたの考え	クラスメートの考え
①		
②		

5 調べてみましょう

● テーマを一つ決めて日本のラーメンを調べてみましょう。

例) 各地のラーメン店
検索キーワード: おいしい　ラーメン　地域

例) 東京で有名なラーメン店
検索キーワード: 有名　ラーメン　東京

6 インスタントラーメン

日本で食べるラーメンといえば、ラーメン店で出される生麺を使ったもののほか、インスタントラーメンも有名だ。日本では高度経済成長期にインスタントラーメン第一号が誕生してから、現在までその販売量は右肩上がりに増えている。

インスタントラーメンには袋に入ったタイプ(袋麺)とカップに入ったタイプ(カップ麺)がある。日本ではカップ麺の売り上げが袋麺の売り上げの２倍以上あり、カップ麺の方が袋麺よりポピュラーである。袋麺には調理器具を使い料理をしなければいけないというイメージがあるため、より簡便に食べるために、お湯を注げばすぐできるカップ麺の方が人気があるのだ。また、地震などの災害時に非常食として活用できるという点でも、日本ではカップ麺の方がより身近な存在だと言える。

日本のコンビニやスーパーに行くと、ラーメンをはじめとして、うどん、そば、スパゲッティなど、ありとあらゆる麺による様々な風味のカップ麺を買うことができる。

인스턴트 라면

일본에서 먹는 라면이라고 하면, 라면 가게에서 나오는 생면을 사용한 것 외에, 인스턴트 라면도 유명하다. 일본에서는 고도경제성장기에 인스턴트 라면 제1호가 탄생한 것을 시작으로 현재까지 그 판매량은 계속 늘어가고 있다.

인스턴트 라면에는 봉지에 들어 있는 형태(봉지라면)와 컵에 들어 있는 형태(컵라면)가 있다. 일본에서는 컵라면의 매출이 봉지라면 매출의 2배 이상으로 컵라면이 봉지라면보다 좀 더 대중적이다. 봉지라면에는 조리기구를 사용하여 요리를 해야 한다는 이미지가 있기 때문에 보다 간편하게 먹기 위해서 뜨거운 물을 부으면 바로 먹을 수 있는 컵라면이 더 인기가 있는 것이다. 또한 지진 등의 재해 시에 비상식으로 활용될 수 있다는 점에서도 일본에서는 컵라면이 보다 친숙한 존재라고 할 수 있다.

일본의 편의점이나 슈퍼에 가면 라면을 비롯하여 우동, 메밀국수, 스파게티 등 별의별 면으로 만들어진 다양한 풍미의 컵라면을 살 수 있다.

2

お弁当(べんとう)

1 お弁当

日本では4月のお花見や10月の運動会など特別な行事がある時はもちろん、日常的にもよくお弁当を食べます。日本旅行中の外国人も一度は食べてみたいと思うほどお弁当は日本独特の文化となっています。

典型的なお弁当はごはんにおかずを入れたものですが、他にもいろいろな種類があります。一番簡単な形はごはんの中におかずを一種類入れて握ったおにぎりでしょう。また、どんぶり類のお弁当、スパゲッティやそば、うどんなど麺類が入ったお弁当もあります。「アンパンマン」や「ドラえもん」のようなアニメの主人公のキャラクターをモチーフにしたり、動物やサッカーボールなどの形にしたお弁当は「キャラ弁」と言います。

お弁当屋やコンビニ、地下鉄の駅などで手軽に買うことができますが、オフィス街ではお昼の時間に合わせて会社まで配達してくれる場合もあります。簡単に食べるという目的で始まった弁当ですが、最近は健康への関心が高まるにつれ、より高級化、多様化しています。

手作り弁当

顔をモチーフにした弁当

ドラえもんのキャラ弁

도시락

일본에서는 4월 벚꽃구경이나 10월 운동회 등 특별한 행사가 있을 때는 물론 일상적으로도 자주 도시락을 먹습니다. 일본여행 중인 외국인도 한 번쯤은 먹어보고 싶다는 생각이 들 만큼 도시락은 일본 특유의 문화가 되었습니다.

전형적인 도시락은 밥에 반찬을 넣은 것이지만, 그 외에도 여러 종류가 있습니다. 가장 간단한 형태는 밥 속에 반찬을 한 가지 넣어 뭉친 주먹밥일 것입니다. 또한 덮밥 류의 도시락, 스파게티나 메밀국수, 우동 등 면류가 들어간 도시락도 있습니다. '호빵맨'이나 '도라에몽'과 같은 애니메이션의 주인공 캐릭터를 모티브로 하거나, 동물이나 축구공 등과 같은 모양을 한 도시락은 'キャラ弁'이라고 합니다.

도시락 전문점이나 편의점, 지하철 역 등에서 손쉽게 살 수 있지만, 빌딩가에서는 점심시간에 맞춰 회사까지 배달해주는 경우도 있습니다. 간단히 먹으려는 목적으로 시작된 도시락이지만, 최근에는 건강에 대한 관심이 높아짐에 따라 보다 고급화, 다양화하고 있습니다.

2 駅弁

鉄道旅行の楽しみの一つである「駅弁」とは、駅で販売されている旅行客向けのお弁当のことを言います。その歴史は古く、1885年ごろ栃木県にある宇都宮駅でおにぎり2個とたくあんを竹の皮で包んで販売したのが始まりだそうです。昔は、列車が止まると停車時間中に列車の窓越しに駅弁売りの人から買うのが当たり前でしたが、列車の高速化や停車時間の短縮などの変化とともに、車内か駅の構内にある店で買い求めるのが一般的になりました。

駅弁は、ご飯(または炊き込みご飯)と、その地方でとれた新鮮な材料で作るおかずからなっていて、旅先のご当地の味を気軽に楽しめると評判です。全国の有名な駅弁を集めて販売するイベントを通して、駅弁に入った地方の名物をPRするという試みもあります。ちなみに、日本には駅弁だけを求めて日本各地を鉄道で回る「駅弁マニア」がいるということですから、日本人にとって駅弁はただの弁当以上の意味を持っているのかもしれません。

駅構内の駅弁屋

竹の皮とおにぎり

역에서 파는 도시락

철도 여행의 즐거움의 하나인 '駅弁'은 역에서 판매되고 있는 여행객 대상의 도시락을 말합니다. 그 역사는 오래되어 1885년경 도치기 현에 있는 우쓰노미야역에서 주먹밥 2개와 단무지를 대나무 껍질로 싸 판매한 것이 시초라고 합니다. 예전에는 열차가 정차하면 정차 시간 중에 열차의 차창 너머로 駅弁을 파는 상인에게 사는 것이 당연했지만, 열차의 고속화나 정차 시간의 단축 등과 같은 변화와 함께, 열차 안이나 역 구내에 있는 상점에서 사는 것이 일반적이 되었습니다.

駅弁은 밥(혹은 영양밥)과 그 지방에서 채취한 신선한 재료로 만든 반찬으로 구성되어 있어, 여행지 본토의 맛을 편하게 즐길 수 있다고 호평입니다. 전국의 유명한 駅弁을 모아서 파는 이벤트를 통해 駅弁에 들어간 지방의 명물을 홍보하는 시도도 있습니다. 참고로 일본에는 駅弁만을 찾아 일본 각지를 철도로 도는 '駅弁マニア'가 있다고 하니, 일본인에게 있어 駅弁은 단순히 도시락 이상의 의미를 갖고 있을지도 모르겠습니다.

3 キーワードで見る日本文化

● 次の写真に当てはまることばを下から選んで書きましょう。

レジャーシート　駅弁　おにぎり

のり弁　水筒　日の丸弁当

どんぶり弁当　弁当箱　キャラ弁

4 話してみましょう

1 日本でお弁当が発達した理由について考え、クラスメートと話し合いましょう。

理由	あなたの考え	クラスメートの考え
①		
②		
③		

2 キャラ弁というのはどういう弁当ですか。また自分のキャラ弁を作るとしたらどんなものにしたいですか。絵に描いてみましょう。また、タイトルもつけましょう。

例：マイハート弁当

あなたのキャラ弁のタイトル： ______________

5 調べてみましょう

● 日本で有名な駅弁を調べましょう。どの地域、どの駅か、それから色、形などの特徴を書きましょう。

地域	駅の名前	色、形、中身など
	①	
	②	
	①	
	②	

東京駅

駅弁

6 おにぎり

日本ではお弁当としておにぎりをよく持っていく。おにぎりといえば、中身の具を入れて握ったごはんにのりを巻いた三角形のものが思い浮かぶが、実は様々なものがある。

まず、形からみると、定番の三角形のほかにも、球形、俵型、平べったい丸形などがあるが、市販の「おにぎり型」を使って自分好みのいろいろな形に仕上げることもできる。

次に、具の入れ方によっても、具なしでご飯だけを握ったものや握ったごはんの上に具をそのまま載せたもの、中身の具を見えるようにした「おにぎらず(にぎらないおにぎり)」と呼ばれるものまで様々である。

最後に、おにぎりに入れられる具も、梅、昆布、高菜、わかめ、しゃけ、いくら、おかか、たらこ、ツナ、ちりめんじゃこなど、実に多種多様で、他のおかずがなくても手軽にご飯が食べられる。一見、シンプルに見えるおにぎりにも、形や具の入れ方、中身の具など多様性による楽しさがあるという点もおにぎりの魅力であると言えよう。

주먹밥

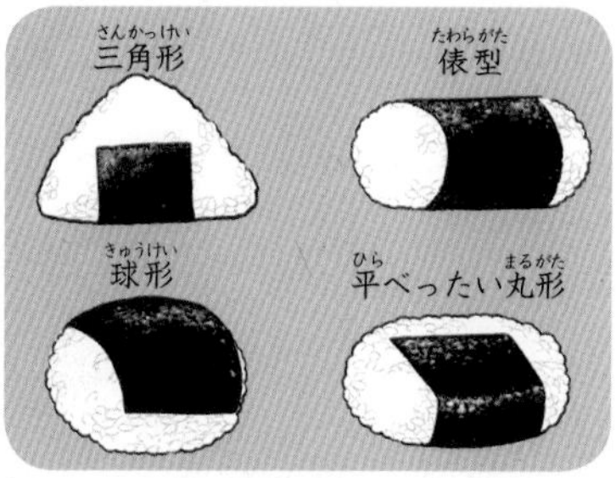

おにぎりの形

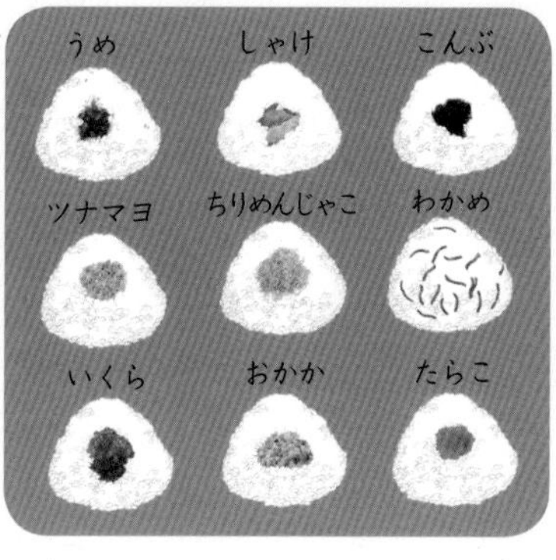

具の種類

일본에서는 도시락으로 주먹밥을 자주 갖고 다닌다. 주먹밥이라 하면 속 재료를 넣어 뭉친 밥에 김을 두른 삼각형 형태가 머리에 떠오르나, 실은 여러가지가 있다.

우선 모양으로 보자면 대표적인 삼각형 외에도 공 모양, 원통 모양, 납작한 동그란 모양 등이 있는데, 시중에서 파는 '주먹밥 틀'을 사용하여 자기가 선호하는 다양한 모양으로 완성하는 것도 가능하다.

다음으로 속 재료를 넣는 방법에 따라서도, 속 재료 없이 밥 만을 뭉친 것이나, 뭉친 밥 위에 재료를 그대로 올린 것, 속 재료를 보이도록 한 'おにぎらず'(뭉치지 않은 주먹밥)라고 불리는 것까지 다양하다.

마지막으로 주먹밥에 들어가는 속 재료도 매실, 다시마, 갓, 미역, 연어, 연어 알, 가다랑어 포, 명란젓, 참치, 뱅어포 등 실로 다종다양하여, 다른 반찬이 없어도 손쉽게 밥을 먹을 수 있다. 얼핏 단순하게 보이는 주먹밥에도 모양과 속 재료를 넣는 방법, 속 재료 등 다양성에 따른 즐거움이 있다는 점도 주먹밥의 매력이라고 말할 수 있을 것이다.

3

スイーツとパン

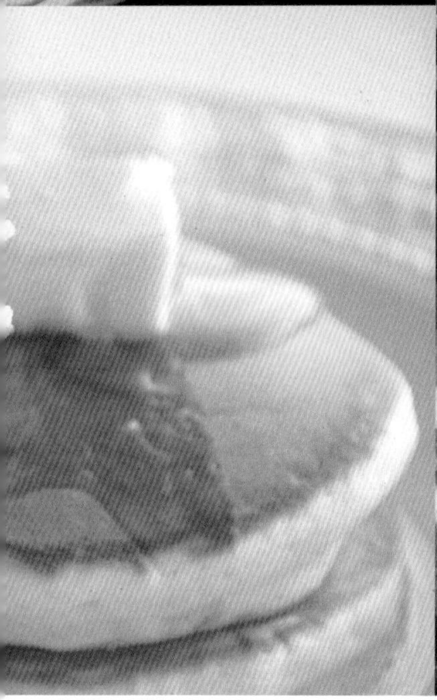

1 スイーツ大国

一般的にお菓子やケーキはフランス、イタリアなどヨーロッパが一番と言われています。しかし、日本にも世界的に有名な製菓·製パン専門学校があるなどヨーロッパに劣りません。日本では菓子、チョコレート、ケーキ、パフェ、パンなど甘いデザート類をひっくるめて「スイーツ」と言います。長引く不況と自然災害などで娯楽や嗜好品に対する需要が減少傾向にある時でさえ、スイーツの販売量は着実に増加してきたそうですから、まさに「スイーツ大国」と呼ぶに値するでしょう。

日本がスイーツ大国に成長することができたきっかけは、1960年代後半、砂糖の輸入自由化で、西洋菓子やデザートに対する関心が高まったことだそうです。最近はコンビニでもスイーツが販売され、手軽に接することができるようになりました。そのためスイーツに興味がなかった男性もわざわざスイーツ専門店を探し、楽しむようになったそうです。

コンビニスイーツ

스위트 대국

일반적으로 과자나 케이크는 프랑스, 이탈리아 등 유럽이 최고로 알려져 있습니다. 그러나 일본에도 세계적으로 유명한 제과·제빵 전문학교가 있는 등 유럽에 뒤지지 않습니다. 일본에서는 과자, 초콜릿, 케이크, 파르페, 빵 등 달콤한 디저트 류를 통틀어 'スイーツ'(스위트)라고 말합니다. 계속된 불황과 자연재해 등으로 오락이나 기호품에 대한 수요가 감소 경향에 있을 때조차, 스위트의 판매량은 꾸준히 증가해 왔다고 하니, 가히 '스위트 대국'이라 불릴 만하겠지요.

일본이 스위트 대국으로 성장할 수 있었던 계기는 1960년대 후반 설탕의 수입 자유화로 서양 과자나 디저트에 대한 관심이 높아진 것이었다고 합니다. 최근에는 편의점에서도 스위트가 판매되어 손쉽게 접할 수 있게 되었습니다. 그 때문에 스위트에 관심이 없던 남성들도 일부러 스위트 전문점을 찾아 다니며 즐기게 되었다고 합니다.

2 日本ならではのパン

日本は本来、米を主食とする国ですが、2012年からパンの消費額が米を上回り始めました。この現象には、日本の学校給食と社会の変化が少なからず関係しているようです。

日本では戦後すぐに、学校の給食にパンが出されるようになりました。そのため、現代の日本では小さいころからパンを食べながら育った人が多く、パン食への抵抗を感じる人が少ないと考えられます。それから、米食に比べてパン食は食事を準備するのにかかる時間が短いため、忙しい共働き家庭や食事作りが大変な高齢者の家庭などでもパン食が好まれていると言われています。

また、コンビニで売っているパンをはじめとして、日本には大手製パン会社が一律に供給するパンもありますが、店で直接焼いた自家製パンを売る店も多く、日本ならではのパンが数多く開発されました。「焼きそばパン」や「コロッケパン」などがその例です。このようなパンは総菜パンと 呼ばれ、食事の代わりになるパンとして広く愛されています。

パンが主食の給食

総菜パン

일본 특유의 빵

일본은 본래 쌀을 주식으로 하는 나라이지만, 2012년부터 빵 소비액이 쌀을 상회하기 시작했습니다. 이런 현상에는 일본의 학교 급식과 사회 변화가 적지 않게 관련되어 있는 것 같습니다.

일본에서는 전후 곧바로 학교 급식에 빵이 나오게 되었습니다. 그 때문에 현대 일본에서는 어릴 적부터 빵을 먹으며 자란 사람이 많아, 빵을 주식으로 하는 식사에 대해 거부감을 느끼는 사람이 적다고 생각됩니다. 그리고 밥을 주식으로 먹는 식사에 비교해 빵 식사는 식사를 준비하는 데 걸리는 시간이 짧기 때문에, 바쁜 맞벌이 가정이나 식사 준비가 힘든 고령자 가정 등에서도 빵 식사가 선호되고 있다고 합니다.

또한 편의점에서 파는 빵을 비롯하여, 일본에는 대형 제빵 회사가 일률적으로 공급하는 빵도 있지만, 가게에서 직접 구운 수제 빵을 파는 가게도 많아, 일본 특유의 빵이 다수 개발되었습니다. '야키소바 빵'이나 '고로케 빵' 등이 그 예입니다. 이러한 빵은 '総菜パン'(반찬빵)이라고 불리는데, 식사 대신이 되는 빵으로서 널리 사랑받고 있습니다.

3 キーワードで見る日本文化

● 次の写真に当てはまることばを下から選んで書きましょう。

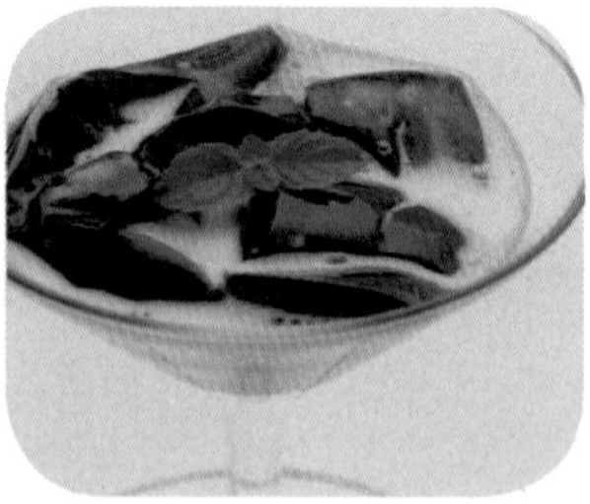

タルト　あんみつ　メロンパン

ショートケーキ　プリン　コーヒーゼリー

杏仁豆腐　最中　パンケーキ

4 話してみましょう

1 あなたは甘いものが好きですか。甘いものを食べることにはどんな効果があると思いますか。

ガトーショコラ

エクレア

2 日本でスイーツが流行する理由は何だと思いますか。本文に紹介された理由以外にどんなことが考えられるか、クラスメートと話し合いましょう。

理由	あなたの考え	クラスメートの考え
①		
②		
③		

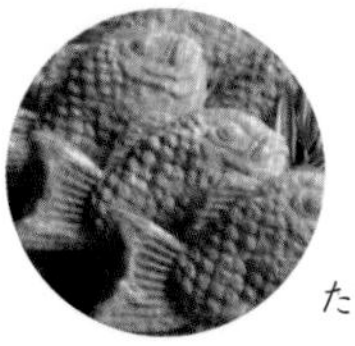
たい焼き

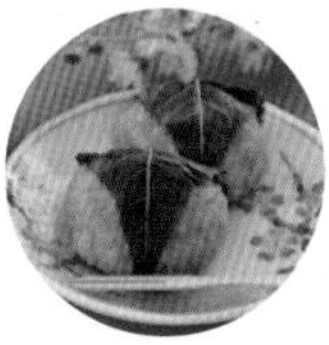
桜餅

おしるこ

5 調べてみましょう

- 日本だけのパンを調べて名前と特徴を書きましょう。

名前	特徴

総菜パン（明太フランスパン）

総菜パン（コロッケパン、焼きそばパン）

6 和菓子

明治以降西洋から日本に入ってきた洋菓子に対することばとして「和菓子」がある。和菓子とは日本の伝統的な菓子のことで、例えば、羊羹、饅頭、最中、煎餅、落雁、餅菓子などがある。水分量と保存性によって生菓子、半生菓子、干菓子に分けられる。主に米や麦、小豆・大豆、でん粉、砂糖などを原料としていて、甘い味が多く、そういう意味では最近のスイーツの範疇に入るといえる。

和菓子は、茶席で出されたり、祝儀・不祝儀の時の引き出物として使われたりする。その他には、日本舞踊などの習い事の発表会に招かれた客への贈り物として贈られたり、また一種の縁起物として神社やお寺などで売られたりすることもある。

種類においても季節ごとにいろいろな色、形、味の和菓子が作られ、季節感を楽しむ日本人の趣向を垣間見ることができる。しかし、最近売り上げが伸びないことや後継ぎ難による和菓子屋の閉業が目立つなど、厳しい声も少なくないようである。

羊羹

餅菓子

最中

落雁

화과자

메이지 이후 서양에서 일본으로 들어 온 서양 과자에 대비되는 말로 '和菓子'(일본식 과자)가 있다. 和菓子란 일본의 전통적인 과자를 말하는데, 예를 들면 양갱, 만주, 모나카, 센베이, 라쿠간, 찹쌀떡과자 등이 있다. 수분량과 보존성에 따라 생과자, 반생과자, 마른과자로 구분된다. 주로 쌀이나 보리, 팥·대두, 전분, 설탕 등을 원료로 하고 있어 단맛이 많아, 그런 의미에서는 최근의 스위트의 범주에 들어간다고 할 수 있다.

和菓子는 다실에서 나오거나, 경조사의 답례품으로 사용되기도 한다. 그 외에도 일본 무용 등의 발표회에 초대받은 손님들에게 선물로 하거나, 또 일종의 縁起物(운수를 비는 물건)로서 신사나 절 등에서 팔거나 하는 경우도 있다.

종류에 있어서도 계절마다 다양한 색, 모양, 맛의 和菓子가 만들어져, 계절감을 즐기는 일본인의 취향을 엿볼 수가 있다. 그러나 최근 매출이 늘지 않는 것이나 후계자의 부족 등에 따른 和菓子 가게의 폐업이 눈에 띄는 등, 우려의 목소리도 적지 않은 것 같다.

4

寿司

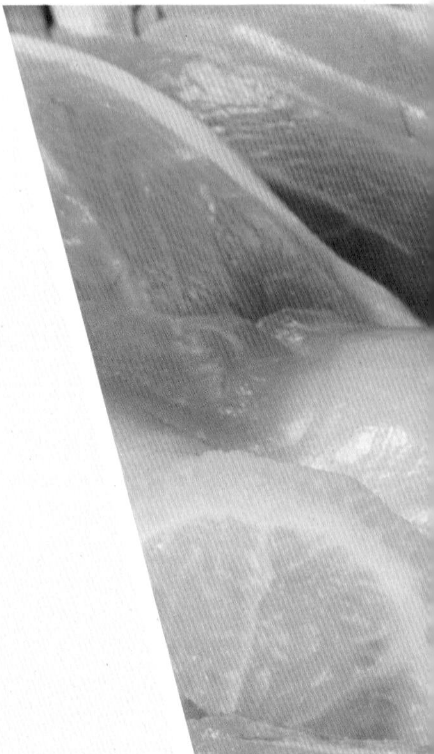

1. 寿司は奈良時代から
2. 寿司屋特有のことば
3. キーワードで見る日本文化
4. 話してみましょう
5. 調べてみましょう
6. おもてなしと出前寿司

1 寿司は奈良時代から

日本で一番人気の高い食べ物は寿司だそうです。奈良時代からあったと言われていますから、昔から愛されてきた食べ物だと言えます。酢と塩で味付けをしたごはん(酢飯)の上に生の魚介類などを載せたものが寿司です。

ごはんを握り、その上に具材を乗せたものは「握りずし」と呼び、ご飯の上に具材を散らすように乗せたものは「散らしずし」と言います。また四角いのりの上にごはん、野菜、魚介類などを乗せて巻いて食べるのは「手巻きずし」です。そして酢飯を使うところは似ていますが、魚介類が入らない寿司もあります。油揚げでごはんを包んだ「稲荷ずし」がそれです。それから太巻きなどの「巻きずし」にも「寿司」ということばがついています。

寿司名人が客の目の前で一つ一つ握ってくれる高級な店から、より手ごろな価格で食べられる回転ずしまで、寿司屋もいろいろです。寿司と一緒に食べるラッキョウ、紅ショウガには生魚の雑菌の繁殖を抑えてくれる効果があると言われています。

握りずし

散らしずし

手巻きずし

稲荷ずし

巻きずし

太巻き

초밥은 나라시대부터

일본에서 가장 인기가 높은 음식은 초밥이라고 합니다. 나라시대부터 있었다고 하니, 예로부터 사랑받아 온 음식이라고 말할 수 있습니다. 식초와 소금으로 간을 한 밥(酢飯) 위에 날 어패류 등을 얹은 것이 초밥입니다.

밥을 쥐어 그 위에 재료를 얹은 것은 '握りずし'라 부르고, 밥 위에 재료를 뿌리듯이 얹은 것은 '散らしずし'라고 합니다. 또한 사각의 김 위에 밥, 야채, 어패류 등을 얹어 말아서 먹는 것은 '手巻きずし'입니다. 그리고 酢飯를 사용하는 점은 비슷하지만, 어패류가 들어가지 않는 초밥도 있습니다. 유부로 밥을 감싼 '稲荷ずし'가 그것입니다. 또한 '太巻き' 등과 같은 '巻きずし'에도 'すし'라는 단어가 붙어 있습니다.

초밥 명인이 손님 눈앞에서 하나하나 직접 만들어주는 고급 가게부터 보다 적당한 가격으로 먹을 수 있는 회전초밥까지, 초밥 가게도 다양합니다. 초밥과 함께 먹는 염교, 붉은 생강절임에는 날 생선의 잡균의 번식을 억제해 주는 효과가 있다고 합니다.

2 寿司屋特有のことば

寿司屋に行くと普段あまり聞きなれないことばを耳にすることがあります。例えば、「今日のシャリは特にうまい」、「いいネタが入りましたよ」、「サビぬきでお願いします」などです。こういった表現はもともとの意味よりは寿司屋特有の意味として多く使われています。

まず「シャリ」は「釈迦の遺骨(舎利)」という本来の意味とは異なり、「酢飯」のことを指しますが、色や形が似ているからだと言われています。また、酢飯に乗せる具のことを「ネタ」と呼びますが、「料理の材料」を意味する「種(たね)」を逆さまにしたものです。これはことばの順序を変えた「逆さ言葉」が流行っていた江戸時代から使われるようになったそうです。一方「なみだ」は、食べると涙が出るところから、「わさび」を指すようになったようですが、「わ」をとって「さび」ということばもよく使われています。

このように、寿司屋特有のことばの使い方には興味深い様々な背景や経緯があるといえます。

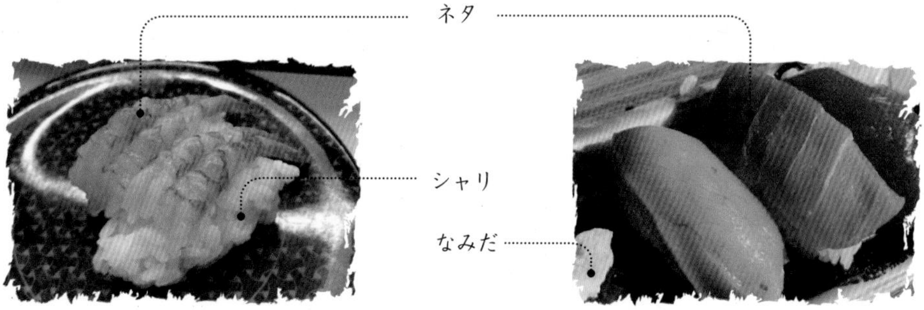

초밥 집 특유의 말

초밥 집에 가면 평상시 그다지 들어보지 못한 말을 듣는 경우가 있습니다. 예를 들면, "오늘 シャリ는 특히 맛있네", "좋은 ネタ가 들어왔어요", "サビぬき로 부탁해요" 등입니다. 이런 표현은 본래의 의미보다는 초밥 집 특유의 의미로 자주 사용됩니다.

우선 'シャリ'는 '부처의 유골(사리)'이라는 본래의 의미와는 달리, '酢飯'(식초 밥)를 가리키는데, 색이나 모양이 비슷하기 때문이라고 합니다. 또한 식초 밥에 얹는 재료를 'ネタ'라고 부르는데, 이는 '요리의 재료'를 의미하는 '種(たね)'를 거꾸로 한 것입니다. 이는 말의 순서를 바꾸는 '逆さ言葉'(거꾸로 말하기)가 유행했던 에도시대부터 사용하게 되었다고 합니다. 한편 'なみだ'(눈물)는 먹으면 눈물이 나는 것 때문에 'わさび'를 가리키게 되었다고 하는데, 'わ'를 떼고 'さび'라는 단어도 자주 사용됩니다.

이처럼 초밥 집 특유의 단어 사용법에는 흥미로운 다양한 배경이나 경위가 있다고 할 수 있습니다.

3 キーワードで見る日本文化

● 次の写真に当てはまることばを下から選んで書きましょう。

散らし寿司　ラッキョウ　紅ショウガ

回転ずし　寿司職人　わさび

手巻きずし　握りずし　すし皿

4 話してみましょう

1 次の魚の名前をあなたの国で何というか書きましょう。

日本語	あなたの国のことば
まぐろ（鮪）	
たこ（蛸）	
えび（海老）	
あわび	
たい（鯛）	
サーモン	
かんぱち	
ひらめ	

2 あなたの国と日本で寿司のネタによく使われる魚について話してみましょう。

あなたの国でよく使われる魚	日本でよく使われる魚

5 調べてみましょう

● 日本に旅行に行ったときぜひ寄ってみたい回転寿司の店をインターネットで調べましょう。

店の名前	店の住所	選んだ理由
①		
②		

回転寿司

6 おもてなしと出前寿司

家を訪ねてきた客をもてなすために出前を取ることがある。出前は普通、料理を作る時間がなく、簡単に食事を済ませたいという時に利用するものだ。そのため、直接作った料理ではなく、出前でいいのかと思うかもしれないが、日本では出前の寿司は少し違うようである。

日本では、寿司は昔から大事な食べ物というイメージがあり、いまだに年中行事、記念日、誕生日、お祝いなどの日に食べる場合が多い。しかし、家で直接寿司を作るのは生魚の扱い方や衛生上の点で難しく、時間もかかる。直接作る代わりに出前を取ることで時間を節約し、その分ゆっくりと客と話ができる。これらが出前の寿司がおもてなし料理としていまだに愛されている理由ではないかと思われる。しかし、食べ物に関するイメージも変わるもので、最近の若い世代には寿司は日常的な食べ物だという意識が広まっているそうなので、いずれ出前寿司のイメージも変わる日が来るのかもしれない。

접대와 배달 초밥

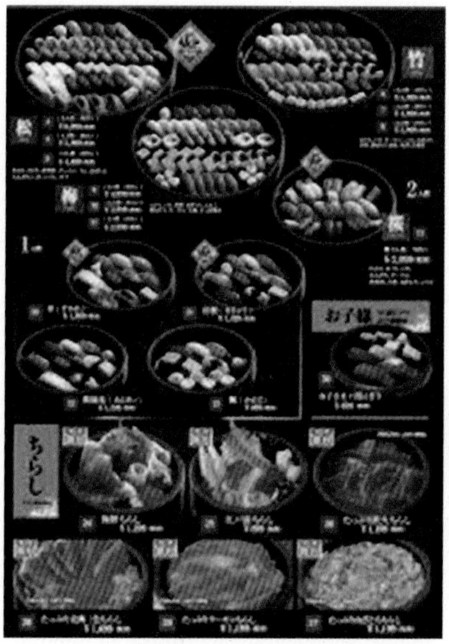

出前ずしのチラシ

집을 찾아 온 손님을 접대하기 위해 배달 음식을 시키는 경우가 있다. 배달 음식은 보통 요리를 만들 시간이 없고 간단히 식사를 끝내고 싶을 때에 이용하는 것이다. 그 때문에 직접 만든 요리가 아니라, 배달 음식으로 괜찮을까 생각할지도 모르지만, 일본에서는 배달 초밥은 조금 다른 것 같다.

일본에서는 초밥은 예로부터 귀한 음식이라는 이미지가 있어, 여전히 연중행사, 기념일, 생일, 축하 날 등에 먹는 경우가 많다. 그러나 집에서 직접 초밥을 만드는 것은 날 생선의 취급 방법이나 위생상 어렵고, 시간도 걸린다. 직접 만드는 대신에 배달을 시킴으로써 시간을 절약하고, 그 만큼 여유 있게 손님과 대화가 가능하다. 이런 점들이 배달 초밥이 접대요리로서 여전히 사랑받고 있는 이유가 아닐까 생각된다. 그러나 음식에 관한 이미지도 변하는 것이어서, 최근의 젊은 세대에게는 초밥은 일상적인 음식이라는 의식이 확산되어 있다고 하니, 언젠가는 배달 초밥의 이미지도 바뀌는 날이 올지도 모르겠다.

5

箸と食事マナー

1. 和食の食事マナー
2. 嫌い箸
3. キーワードで見る日本文化
4. 話してみましょう
5. 調べてみましょう
6. 箸と食べ物

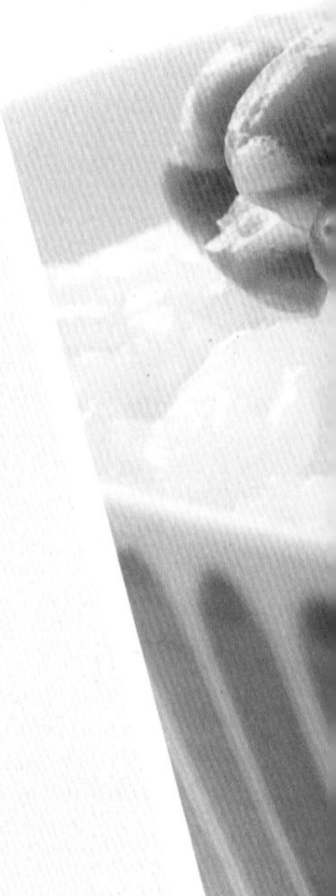

1 和食の食事マナー

日本では茶碗を手に持って食べたり、汁椀を口につけ箸で具を口に入れるようにして食べる姿をよく見かけますが、どれも食事マナーに反することではありません。食卓がなかった昔、ご飯、汁物、おかずを載せたおぼんを床に置いて食べたために、こぼさないように手に持って食べる習慣ができたそうです。むしろお盆の上の器に顔を近づけて食べるのは「犬食い」といって避けるべき行動と考えられます。

また、スープにご飯をかけたり、ご飯の上に置いてあるおかずと一緒に混ぜたりする行動に違和感を感じる人もいます。食べ物は残さず全て食べるのが礼儀とされ、食事の前には「いただきます」、食事後には「ごちそうさまでした」と必ず言います。「ごちそうさまでした」は食事の準備をしてくれた人への挨拶であり、主に家で、または食堂の主人に言います。一緒に食事をした知人に言うと食事代を支払えという意味に誤解されることがあるので注意したほうがよいでしょう。

일식의 식사 매너

일본에서는 밥그릇을 손에 들고 먹거나 국그릇을 입에 대고 젓가락으로 건더기를 입에 쓸어 넣듯이 먹는 모습을 흔히 볼 수 있는데, 모두 식사 예절에 어긋나지 않습니다. 식탁이 없던 옛날에는 밥, 국, 반찬을 차린 쟁반을 바닥에 두고 먹었기 때문에 흘리지 않기 위해서 손에 들고 먹는 습관이 생겼다고 합니다. 오히려 쟁반 위 그릇에 얼굴을 가까이 하고 먹는 것이 '犬食い'라 하여 피해야 할 행동으로 여겨집니다.

또 국에 밥을 말거나, 밥 위에 놓여있는 반찬과 함께 비비거나 하는 행동에 위화감을 느끼는 사람도 있습니다. 음식은 남기지 않고 모두 먹는 것이 예의이며, 식사 전에는 'いただきます', 식사 후에는 'ごちそうさまでした'라고 반드시 말합니다. 'ごちそうさまでした'는 식사를 준비해 준 사람에게 하는 인사말로, 주로 집에서 혹은 식당 주인에게 말합니다. 함께 식사를 한 지인에게 말하면 음식값을 지불하라는 의미로 오해 받을 수 있으므로 주의하는 것이 좋겠지요.

2 嫌い箸

日本では主に箸を使ってごはんを食べますが、箸の使い方に関しては様々なマナーがあります。例えば、器の上に箸を掛けておくと食事が終わったことを意味するので、食事の途中は箸置きの上に置きます。 また、器を叩くことは鬼を呼ぶ行為と考えられますので避けなければなりません。他にも、一緒に食事する人に不快感や不潔感を感じさせる箸の使い方を総称して「嫌い箸」と言います。「嫌い箸」は持ち方に関するものと使い方に関するものの二種類に分けられます。

まず、持ち方に関するものの一つである「拝み箸」とは、箸を持ったまま両手を合わせて「いただきます」と言うものです。 これは一見正しいマナーに見えますが、箸の先が横を向いているのは失礼だと考えられています。次に、使い方に関するものとして、箸で食べ物をつつく、箸と箸で食べ物を受け渡すなどもやってはいけない行為です。 特に箸で食べ物を渡す行為は、葬儀の火葬文化を連想させ、不吉な使い方と考えられています。

혐오 젓가락

일본에서는 주로 젓가락을 사용하여 밥을 먹습니다만 젓가락 사용법에 관해서는 다양한 매너가 있습니다. 예를 들면, 그릇 위에 젓가락을 걸쳐놓으면 식사가 끝난 것을 의미하므로 식사 도중에는 젓가락 받침대 위에 놓습니다. 또한 그릇을 두드리는 것은 귀신을 부르는 행위로 여겨지므로 피해야 합니다. 그 밖에도 함께 식사하는 사람에게 불쾌함이나 불결함을 느끼게 할 수 있는 젓가락 사용법을 총칭해서 '嫌い箸'(혐오 젓가락)라고 말합니다. '嫌い箸'는 잡는 법에 관한 것과 사용법에 관한 것 두 종류로 구분할 수 있습니다.

먼저 잡는 법에 관한 것의 하나인 '拝み箸'(합장 젓가락)란, 젓가락을 쥔 채로 양손을 모으고 "잘 먹겠습니다."라고 말하는 것입니다. 이것은 언뜻 바른 매너로 보이지만, 젓가락 끝이 옆을 향해 있는 것은 실례로 여겨지고 있습니다. 다음으로 사용법에 관한 것으로서, 젓가락으로 음식을 찌르기, 젓가락과 젓가락으로 음식을 받고 주는 등도 해서는 안 되는 행위입니다. 특히 젓가락으로 음식을 전달하는 행위는 장례의 화장 문화를 연상시켜, 불길한 사용법으로 여겨지고 있습니다.

3 キーワードで見る日本文化

● 次の写真に当てはまることばを下から選んで書きましょう。

渡し箸　寄せ箸　まよい箸

箸置き　立て箸　指し箸

合わせ箸　作法　涙箸

4 話してみましょう

1 日本でスプーンを使わず、茶碗を手に持って食べる理由について考え、話し合いましょう。

2 下の表は食事マナーとして気になる行動の主なものです。あなたはどれが一番気になりますか。1位から5位まで順位をつけて、クラスメートと比較しましょう。またどうしてそう思うのか話し合いましょう。

	あなたの考え	クラスメートの考え
子供から目を離す、放って おく、注意しない。		
音を立てて食べる。		
静かな場所で大きな声でしゃべりながら食べる。		
食べ散らかす、ボロボロこぼす。		
肘をつきながら食べる。		

5 調べてみましょう

- 食事マナー以外の日本の行儀、作法について調べ、４コマ漫画を描きましょう。（絵とセリフを入れましょう。）

タイトル：

①

②

③

④

6 箸と食べ物

箸は主に東南アジアで共通して使われる代表的な食器の一つだ。 全世界の約30%に該当する人が箸を使い、40%が手、残りの30%がナイフとフォーク、スプーンを使っているそうだ。 箸は日本をはじめ、中国、韓国、ベトナム、シンガポール、タイ、台湾などで使われるが、中国で使われたのが始まりだと言われている。

細長いという点では各国の箸は似たような形をしているが、材質・長さ・断面の形では少しずつ違いがある。これは各国固有の食べ物に合った形に発達したためであろう。日本の箸は、食べ物を食事する人数分に切り分けるのに適した形状をしていない。そのため、予め食べ物を一人分ずつ取り分けた状態で出すための小さな形の食器が発達した。一般家庭の食器棚を見ると、大きくて平らな皿より小さくて深さのある一人用の食器が並べられている。箸が食べ物の大きさや食器の形と密接な関係があるというのは興味深いことだ。

젓가락과 음식

いろいろな食器

젓가락은 주로 동남아시아에서 공통적으로 사용되는 대표적 식기 중 하나이다. 전세계의 약 30%에 해당하는 사람이 젓가락을 사용하고, 40%가 손, 나머지 30%가 나이프와 포크, 숟가락을 사용하고 있다고 한다. 젓가락은 일본을 비롯하여 중국, 한국, 베트남, 싱가폴, 태국, 대만 등에서 사용되는데 중국에서 사용된 것이 처음이라고 한다.

가늘고 길다는 점에서는 각국의 젓가락이 비슷한 모양을 하고 있지만, 재질·길이·단면 모양에서는 조금씩 차이가 있다. 이는 각 나라 고유의 음식에 적합한 형태로 발달했기 때문일 것이다. 일본의 젓가락은 음식을 식사하는 사람 수대로 잘라 나누는 데 적합한 모양을 하고 있지 않다. 그 때문에 미리 음식을 1인분씩 나눈 상태로 내기 위해서 작은 모양의 식기가 발달하였다. 일반가정의 그릇장을 보면, 크고 납작한 접시보다 작고 깊이가 있는 1인용 그릇들이 진열되어 있다. 젓가락이 음식의 크기나 식기의 모양과 밀접한 관련이 있다는 점은 흥미로운 일이다.

6

飲み物

1. いろいろな飲み物
2. 日本のコーヒー
3. キーワードで見る日本文化
4. 話してみましょう
5. 調べてみましょう
6. ハンドドリップ器具の歴史

新商品が
入りました!
80円~
NEW
i-VENDOR
販売中
1000円札
お客様満足度
業界トップの
自販機をあなたも
置いてみませんか?
0120-82-1132

1 いろいろな飲み物

日本の飲み物は世界一と言えるほど種類が多いです。清涼飲料をはじめ、緑茶などの様々な種類のお茶、紅茶、コーヒーはもちろん、最近は健康やダイエットへの関心が高まり、ミネラルウォーターやエナジードリンクなどもあります。

その中でも緑茶は、日常生活の中で最も頻繁に飲むお茶です。お客様のおもてなしとして、家族が集まる食卓で、あるいは工場や会社で休憩する時にもよく飲みます。緑茶は一般的に茶の葉を蒸して作られますが、その種類も煎茶、番茶、ほうじ茶、玄米茶、玉露、抹茶などいろいろです。その中で生産量も消費量もいちばん多いのは煎茶であると言われています。緑茶は飲み物としてだけではなく、ご飯の上に海苔などを薬味として載せてから緑茶を注いで食べる「お茶漬け」にも活用されるなど、使い方もいろいろです。最近は、飲み物の自動販売機のさらなる発展により、多様な飲み物をより簡単に楽しめるようになりました。

여러가지 음료

일본의 음료는 세계 1위라고 말할 수 있을 정도로 종류가 많습니다. 청량음료를 비롯하여 녹차 등 다양한 종류의 차, 홍차, 커피는 물론, 최근에는 건강이나 다이어트에 대한 관심이 많아져, 미네랄 워터나 에너지 드링크 등도 있습니다.

그 중에서도 녹차는 일상생활 속에서 가장 빈번하게 마시는 차입니다. 손님 접대용으로, 가족이 모이는 식탁에서, 또는 공장이나 회사에서 쉴 때도 자주 마십니다. 녹차는 일반적으로 차 잎을 쪄서 만들어지는데, 그 종류도 '煎茶, 番茶, ほうじ茶, 玄米茶, 玉露, 抹茶' 등 다양합니다. 그 중에서 생산량도 소비량도 가장 많은 것이 煎茶라고 합니다. 녹차는 음료수로서뿐만 아니라 밥 위에 김 등을 고명으로 얹은 후 녹차를 부어 먹는 'お茶漬け'에도 활용되는 등, 사용법도 다양합니다. 최근에는 음료 자동판매기도 더욱 발전하여 다양한 음료를 보다 손쉽게 즐길 수 있게 되었습니다.

2 日本のコーヒー

日本のコーヒー、特にドリップコーヒーは意外とその歴史が長いです。最初に日本にコーヒーが伝わったのは江戸初期、長崎の出島という地域でした。港町なので、外国の文物が入りやすかったのでしょう。明治中頃からは神戸、横浜、函館などの外国人居留地を中心に流行し、その後次第に一般にも親しまれるようになりました。

コーヒーはドリップコーヒー、インスタントコーヒー、缶コーヒーなどのような形で楽しまれています。まず、コーヒー豆を粉末にしたものにお湯を注ぎ、抽出するドリップコーヒーは、日本では「レギュラーコーヒー」という名でカフェのメニューに載っています。次はお湯を注ぐだけでできあがるインスタントコーヒーですが、日本では砂糖とクリームを別々に入れることになっているのが特徴です。最後に缶コーヒーはコーヒーまたはコーヒー入りの清涼飲料などを缶に入れたものです。最近高価な缶コーヒーも流行し、自動販売機でも風味の良いコーヒーが売られています。

カプチーノ

ブレンドコーヒー

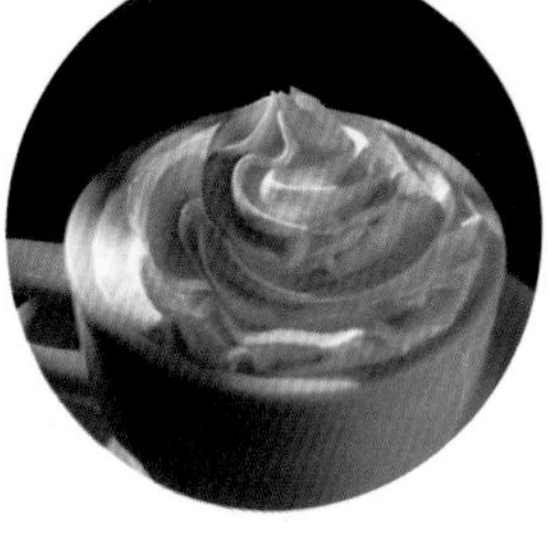

ウィンナコーヒー

일본의 커피

일본의 커피, 특히 드립 커피는 의외로 그 역사가 깁니다. 처음 일본에 커피가 전해진 것은 에도 초기, 나가사키의 데지마라는 지역이었습니다. 항구 마을이므로 외국 문물이 들어오기 쉬웠을 것입니다. 메이지 중엽부터는 고베, 요코하마, 하코다테 등과 같은 외국인 거류지를 중심으로 유행하게 되면서, 그 이후 점차 일반인에게도 사랑받게 되었습니다.

커피는 드립 커피, 인스턴트 커피, 캔 커피 등과 같은 형태로 즐기고 있습니다. 우선 커피 콩을 분말로 한 것에 뜨거운 물을 부어 추출하는 드립 커피는 일본에서는 'レギュラーコーヒー'라는 이름으로 카페 메뉴에 실려 있습니다. 다음으로 뜨거운 물을 붓기만 하면 완성되는 인스턴트 커피인데, 일본에서는 설탕과 크림을 따로 넣도록 되어있는 것이 특징입니다. 마지막으로 캔 커피는 커피 또는 커피가 들어간 청량음료 등을 캔에 넣은 것입니다. 최근 값비싼 캔 커피도 유행하여, 자동판매기에서도 풍미가 좋은 커피가 팔리고 있습니다.

3 キーワードで見る日本文化

次の写真に当てはまることばを下から選んで書きましょう。

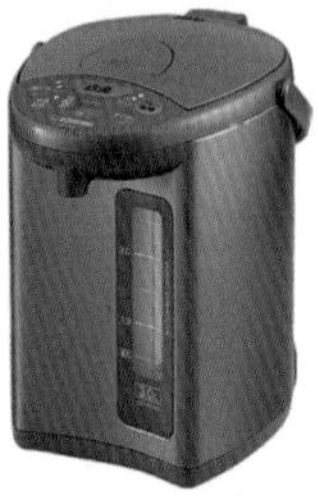

自販機　喫茶店　抹茶

缶コーヒー　水筒　コーヒークリーム

湯呑み　タンブラー　給湯ポット

4 話してみましょう

1 飲み物に関する自分のこだわりについてクラスメートと話し合いましょう。

例）朝は必ずアイスコーヒーを飲む。

2 あなたは家でいれたコーヒーやお茶などを持って出かける方ですか。それとも自販機で買ったり、喫茶店でテイクアウトする方ですか。またどちらがいいと思いますか。理由を含めてクラスメートと話し合いましょう。

持って出かける派	自販機・テイクアウト派
理由①	理由①
理由②	理由②
理由③	理由③

5 調べてみましょう

- 日本の飲み物で飲んでみたいものを取り上げて調べましょう。
(例：カルピス、ラムネなど)

飲み物の名前		
どんな味？		
どんな色？		
どんな材料？		
どんな時飲む？		
その他		

ラムネ

カルピス

6 ハンドドリップ器具の歴史

コーヒーは昔、牧童やイスラム教会の信者が眠気をとるためにコーヒー豆を料理に入れたり、飲み物にして飲んだりしたのが始まりだと言われている。粉にしたコーヒー豆をそのままお湯に入れて飲むのはトルコ式のコーヒーだが、そうするとカップにコーヒー豆のかすが残る。コーヒーのかすを邪魔に思ったドイツのある婦人が紙にコーヒー豆の粉を入れて、コーヒーを入れたのがきっかけで現在のコーヒードリッパーができたそうだ。

ドイツで始まったドリップ器具だが、その後日本に伝わり、様々な改良が重ねられながら、コーヒー器具の専門メーカーも生まれた。現在、世界3大コーヒー器具メーカーはすべて日本のブランドだそうである。最近は金属フィルターも生産され、紙フィルターより風味が強く、濃厚なコーヒーが作れるようになり、また使い捨てではないため環境にも優しいということで注目を集めている。

핸드 드립 기구의 역사

コーヒードリップ器具

커피는 옛날에 목동들이나 이슬람 교회의 신자들이 졸음을 쫓기 위해 커피 콩을 요리에 넣거나 음료로 만들어 마셨던 것이 시초라고 알려져 있다. 가루로 만든 커피 콩을 그대로 뜨거운 물에 넣어서 마시는 것이 터키 식 커피인데, 그렇게 하면 컵에 커피 콩의 찌꺼기가 남게 된다. 커피 찌꺼기를 귀찮게 여겼던 독일의 어느 부인이 종이에 커피 콩 분말을 넣고 커피를 내린 것을 계기로 지금의 커피 드리퍼가 만들어졌다고 한다.

독일에서 시작된 커피 드립 기구이지만, 그 후 일본에 전해져 다양한 개량이 더해지면서 커피 기구 전문 메이커도 생겨났다. 현재 세계 3대 커피 기구 메이커가 모두 일본 브랜드라고 한다. 최근에는 금속 필터도 생산되어, 종이 필터보다 풍미가 깊고 농후한 커피를 만들 수 있게 되었고, 또 1회용이 아니기 때문에 환경에도 좋다는 점에서 주목을 끌고 있다.

Ⅱ. 住居

7

家(いえ)の中(なか)

1 スペースの活用

日本の住宅は基本的に部屋、キッチン、リビング、トイレ、浴室に空間が分かれますが、一部屋ほどは和室として作られ、客室として使われることが多いです。和室には寝具や衣類を入れる押入れがあり、収納以外にもいろいろと活用されています。

また、日本ではトイレと浴室が分かれているという特徴があります。 シャワーなどによって便器に水がはねないようにするため、また清潔な場所と汚い場所を同じところにせずに区分するためなど、いろいろな理由が考えられます。

敷地が広い一戸建てでは、室内の収納スペースとは別に屋外にも服などを収納する部屋や倉庫を置いたり、庭や中庭などを作る家もあります。一方で、東京などの大都市は、人口密度が高い分、住宅が狭いほうです。マンションでも一戸建てでも狭い空間を活用できるよう、気を配ります。狭いスペースを効果的に使うために収納に必要な容器や道具なども非常に発達しています。

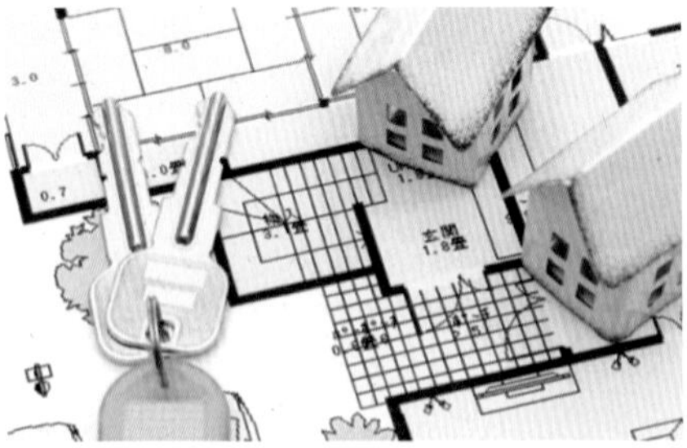

공간활용

일본의 주택은 기본적으로 방, 주방, 거실, 화장실, 욕실로 공간이 나뉘지만, 한 방 정도는 '和室'(일본식 방)로 만들어져 객실로 사용되는 경우가 많습니다. 和室에는 침구나 의류를 넣는 '押入れ'(벽장)가 있는데, 수납 외에도 여러가지로 활용되고 있습니다.

또한 일본에서는 화장실과 욕실이 분리되어 있다는 특징이 있습니다. 샤워 등으로 인해 변기에 물이 튀지 않도록 하기 위해, 또 청결한 장소와 더러운 장소를 동일한 곳으로 하지 않고 구분하기 위해서 등, 여러가지 이유를 생각할 수 있습니다.

부지가 넓은 단독주택에서는 실내의 수납 공간과는 별도로 옥외에도 옷 등을 수납하는 방이나 창고를 두거나, 정원이나 안뜰 등을 만드는 집도 있습니다. 한편, 도쿄 등의 대도시는 인구밀도가 높은 만큼 주택이 좁은 편입니다. 아파트이든 단독주택이든 좁은 공간을 활용할 수 있도록 신경을 씁니다. 좁은 공간을 효과적으로 사용하기 위해 수납에 필요한 용기나 도구 등도 매우 발달되어 있습니다.

2 畳のむかしといま

伝統的な日本の部屋と言えば、畳の敷かれた和室を思い浮かべるのではないでしょうか。部屋を畳部屋にする習慣は、湿気を逃がすという理由からです。海に囲まれているという日本の地理的な特徴から、雨が多く、湿度が高いために根付いたものと思われます。

畳は伝統的な床材であり、稲わらを素材としているため、手触りの良いサラサラとした触感をしています。そのことも、昔から愛用される理由かもしれません。

畳はかつて、一枚分の大きさが人ひとりのスペースとして認識されていました。そのため、今も畳の縁を踏むことは、マナー違反と捉えられています。もともとは板床の上に敷かれたものでしたが、室町時代に入ってから部屋に敷き込む形になったそうです。

畳部屋は洋室の普及と共にどんどん減ってきてはいますが、形や色が現代風にアレンジされたお洒落な畳も登場しており、まだまだ日本の生活に密着した存在といえます。

다다미의 옛날과 지금

전통적인 일본 방이라고 하면, 다다미가 깔린 和室를 떠올리지 않을까요? 방을 다다미 방으로 하는 습관은 습기를 빼내려는 이유에서입니다. 바다로 둘러싸여 있는 일본의 지리적 특징으로부터, 비가 많고 습도가 높기 때문에 정착된 것이라고 생각됩니다.

다다미는 전통적인 마루 재료이고 볏짚을 소재로 하고 있기 때문에, 감촉이 좋은 보슬보슬한 촉감을 갖고 있습니다. 그것 역시 예로부터 애용되는 이유일지도 모르겠습니다. 다다미는 과거, 한 장의 크기가 사람 한 명의 공간으로 인식되고 있었습니다. 그 때문에 지금도 다다미의 가장자리를 밟는 것은 매너 위반이라고 생각되고 있습니다. 본래는 나무 마루 위에 깔았던 것이었지만, 무로마치 시대에 들어서면서부터 방바닥에 깔아 넣는 형태가 되었다고 합니다.

다다미 방은 서양식 방의 보급과 함께 점점 줄어들고는 있지만, 형태나 색이 현대풍으로 변화된 세련된 다다미도 등장하여, 여전히 일본 생활에 밀착된 존재라고 할 수 있겠습니다.

3 キーワードで見る日本文化

● 次の写真に当てはまることばを下から選んで書きましょう。

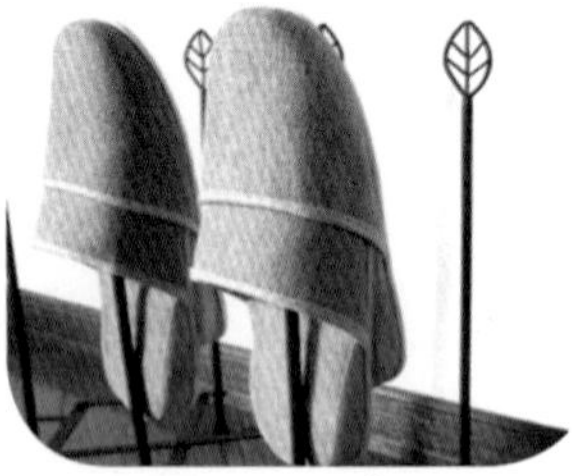

畳（たたみ）　カーペット　布団干し（ふとんほし）

こたつ　床暖房（ゆかだんぼう）　床の間（とこのま）

突っ張り棒（つっぱりぼう）　スリッパラック(スリッパ掛け)　エアコン

4 話してみましょう

1 ドラマなどで日本の家の中を見たことがありますか。どんな点が珍しかったか、クラスメートと話し合いましょう。

2 日本ではトイレと浴室が別々になっているということについて、メリットとデメリットを話し合いましょう。

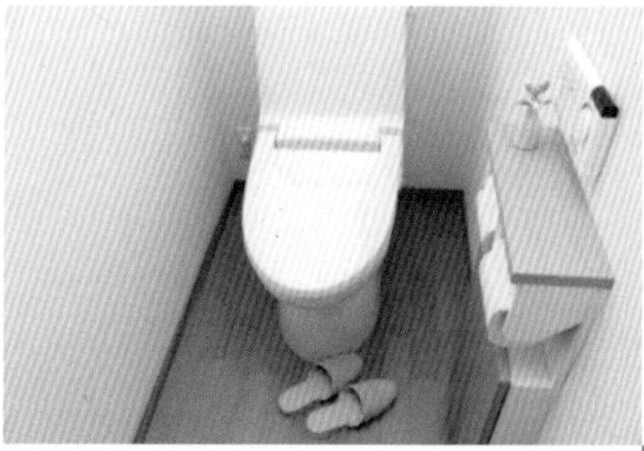

5 調べてみましょう

日本の家には押し入れという収納空間があります。普通、下のように収納として使われますが、そのほかにも多様な使い方があるようです。サイトなどを検索して活用された押入れの画像を検索してみましょう。また自分だけの使い方も考えてみましょう。

検索キーワード：押入れ　活用法など

私だけの使い方
①
②

6 日本の暖房

日本の家屋は基本的に暑さをしのぐように建てられている。そのためか、長野や北海道など韓国のオンドルのように家屋自体に暖房を取り込んでいる一部の寒い地域を除き、暖房機器を使う家が一般的だ。

暖房として最も多く使われているのが、石油・ガスストーブである。これらは費用が比較的安いという点はメリットではあるが、灯油やガスを燃やすため部屋の空気が悪くなり、頻繁に換気が必要となるなどデメリットもある。冷房、除湿に加え、暖房機能もあるエアコンもよく使う。また、テーブルの下に熱線が取り付けてあり、テーブル用の布団をかけて使う日本ならではの「こたつ」やホットカーペットもある。オイルヒーターを使用することもあるが、日本では高コストの暖房機器に入る。新築の家屋では、床暖房を取り入れる家も最近増えているようだ。暖房ひとつをとっても国それぞれの特徴があることがわかる。

일본의 난방

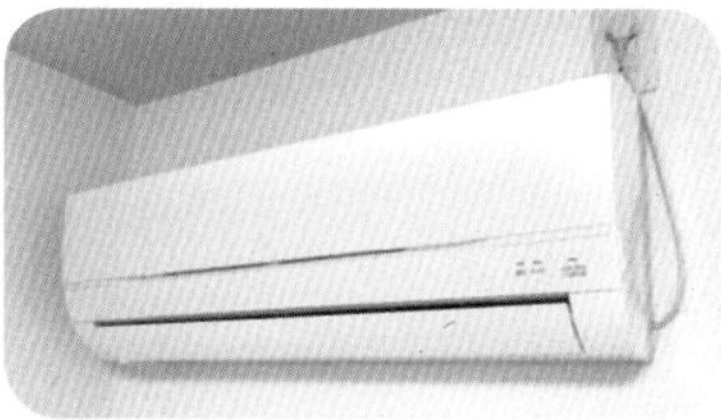

일본의 가옥은 기본적으로 더위를 견디도록 지어져 있다. 그 때문인지 나가노나 홋카이도 등, 한국의 온돌처럼 가옥 자체에 난방을 집어 넣은 일부 추운 지역을 제외하고, 난방 기구를 사용하는 집이 일반적이다.

난방으로서 가장 많이 사용되고 있는 것이 석유·가스난로이다. 이들은 비용이 비교적 싸다는 점은 장점이기는 하지만, 등유나 가스를 태우기 때문에 방 공기가 나빠져서, 빈번하게 환기를 필요로 하는 등의 단점도 있다. 냉방, 제습에 더해, 난방 기능도 있는 에어컨도 자주 사용한다. 또한 테이블 아래에 열선이 붙어 있어, 테이블 용 이불을 덮어서 쓰는 일본 특유의 'こたつ'나 핫카펫도 있다. 오일 히터를 사용하는 경우도 있지만, 일본에서는 고비용의 난방 기기에 들어간다. 신축의 가옥에서는 '床暖房'(온돌 난방)를 도입하는 집도 최근 늘고 있는 것 같다. 난방 하나를 보아도 나라마다 각각의 특징이 있음을 알 수 있다.

8

マイホーム

1. マイホームの夢
2. コンパクトマンション
3. キーワードで見る日本文化
4. 話してみましょう
5. 調べてみましょう
6. 空き家問題

1 マイホームの夢

以前、日本の若者が夢見た人生とは、大学を卒業して大企業に就職した後、お金を稼ぎ、「庭付きの一戸建て住宅」を買うことだと言われていました。賃貸ではなく、自分の家を所有したいと思っている人が70%以上でした。それは戦後日本社会が1世帯1住宅保有のための政策を一貫して推進してきたからだと言われています。

ところが、2020年ごろに40代、50代である年齢層にとって、マイホーム、特に一戸建てへの欲求は、それより上の年代に比べて小さいといいます。90年代から約20年間続いたデフレに直面し、家の所有に対して悲観的になったことが理由の一つです。さらに30代以下の世代は、独身主義、離婚率の増加などからマイホーム購入の欲求がさらに小さくなってきているようです。

さらに、2033年には、日本の家3軒のうち1戸が空き家になるといわれるなど、空き家が日本住宅の新たな問題に浮上しています。マイホームに対する日本人の夢も既に変化が始まったと言えそうです。

参考: 内閣府、住生活に関する世論調査 (2015年)

내 집 마련의 꿈

예전에 일본의 젊은이들이 꿈꾼 인생이란, 대학을 졸업하고 대기업에 취업한 후, 돈을 벌어 '정원이 딸린 단독주택'을 사는 것이었다고 합니다. 임대가 아니고 자신의 집을 소유하고 싶다고 생각하고 있는 사람이 70% 이상이었습니다. 그것은 전후 일본사회가 1세대 1주택 보유를 위한 정책을 일관되게 추진해 왔기 때문이라고 합니다.

그러나 2020년경에 40대, 50대인 연령층에 있어서, 내 집, 특히 단독주택에 대한 욕구는 그보다 위 연령대에 비해서는 작다고 합니다. 90년대부터 약 20년간 계속된 디플레에 직면하여, 주택 소유에 대해 비관적으로 변한 것이 이유의 하나입니다. 나아가 30대 이하의 세대는 독신주의, 이혼율의 증가 등의 이유로 마이 홈 구입의 욕구가 더욱 적어진 것 같습니다.

더욱이 2033년에는 일본 집 3채 중 1채가 빈집이 된다고 하는 등, 빈집이 일본 주택의 새로운 문제로 부상하고 있습니다. 내 집에 대한 일본인의 꿈도 이미 변화가 시작되었다고 말할 수 있을 것 같습니다.

참고: 내각부, 주생활에 관한 여론조사 (2015년)

2 コンパクトマンション

コンパクトマンションとは、9～15坪程度の広さの分譲マンションのことをいいます。間取りで言えば、一つの部屋にキッチンのある1Kから、二つの部屋にリビング、キッチンのある2LDK程度です。価格的にも負担が少ないため、独身の人や共働きで子供を持たない夫婦、小さな子供のいる夫婦、子供たちが巣立ったあとの老夫婦など様々な人々に好まれています。

コンパクトマンションは特に現在の20代から40代に人気があります。彼らは不景気の真っ只中に大学を卒業し、学生ローンを抱えたまま社会に出た人も多く、最悪の雇用状況を経験している世代でもあります。既存の世代が郊外に一軒家を建て、マイカーを持つことをステイタスとしていたのに対して、20代から40代の世代は、長距離の通勤を避けることの可能な都心で、シンプルで便利に暮らし、常に身軽で多様な経験や健康管理に時間的・金銭的投資ができる環境を好むと言われています。

1K

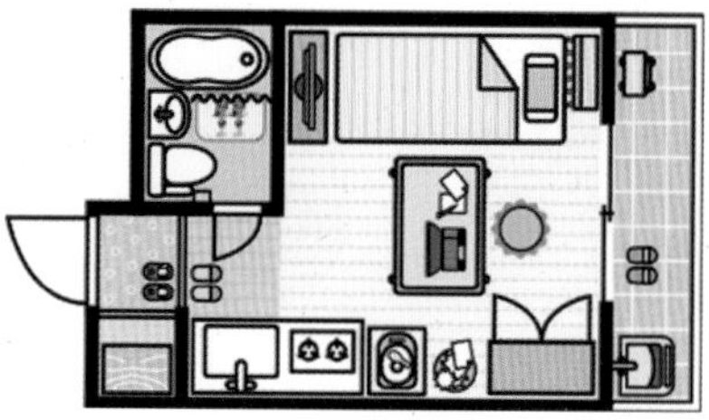

2LDK

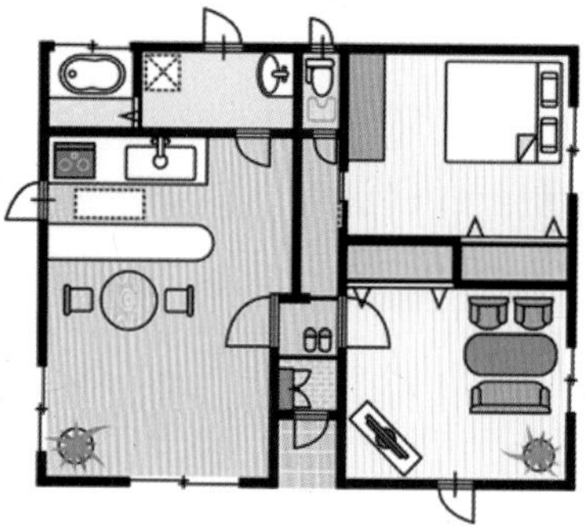

소형주택

소형주택이란 9~15평 정도 넓이의 분양 아파트를 말합니다. 평면도로 말하자면 1개의 방과 부엌이 있는 1K부터, 2개의 방과 거실, 부엌이 있는 2LDK 정도입니다. 가격적으로도 부담이 적기 때문에 독신자나 맞벌이이면서 자녀가 없는 부부, 어린 아이가 있는 부부, 자녀가 독립한 후의 노부부 등 다양한 사람들에게 선호되고 있습니다.

소형주택은 특히 현재 20대부터 40대에게 인기가 있습니다. 그들은 불경기가 한창일 때 대학을 졸업하여, 학자금 대출을 떠안은 채 사회에 나온 사람도 많고, 최악의 고용상황을 경험하고 있는 세대이기도 합니다. 기존 세대가 교외에 단독주택을 짓고, 마이카를 소유하는 것을 사회적 지위로 삼았던 것에 비해, 20대부터 40대의 세대는 장거리 통근을 피할 수 있는 도심에서, 심플하고 편리하게 살면서, 언제나 손쉽게 다양한 경험이나 건강관리에 시간적·금전적 투자가 가능한 환경을 선호한다고 합니다.

3 キーワードで見る日本文化

次の写真に当てはまることばを下から選んで書きましょう。

マンション　アパート　一戸建て

団地　タワーマンション　庭

分譲住宅　住宅ローン　別荘

4 話してみましょう

1 あなたならどんな家がほしいですか。具体的に絵に描いた後、クラスメートに説明してみましょう。

2 空き家の利用方法を調べてみましょう。
検索キーワード：カフェ、壊して駐車場、会社のオフィスとして貸す

5 調べてみましょう

● 次の質問に答えて、クラス全員の考え方を調べましょう。

Q1. あなたには家が一軒あります。子どもが二人います。あなたは年をとっているので自分の家を処分したいと思っています。どうしますか。

① 第一子が全て相続する。

② 第一子と第二子に半分ずつ相続する。

③ 半分は子どもに相続し、半分は社会に寄付する。

④ 全部寄付する。

答え	人数
① 第一子が全て相続する	
② 第一子と第二子に半分ずつ相続する	
③ 半分は子どもに相続し、半分は社会に寄付する	
④ 全部寄付する	
合計	

Q2. どうしてそうするか、その理由について話し合いましょう。

6 空き家問題

最近、マスコミによく登場する社会問題の一つが空き家問題である。

空き家増加の根本的な原因は人口減少と高齢化である。空き家全体の約半数は、借り手がない賃貸用住宅であり、住宅の供給が過剰な状態にある。その他にも様々な理由で長期間、人が住まない住宅もあり、問題となっている。

その理由の一つが税金の問題である。都市では、人が住んでいない古い住宅は、壊して空き地にするとかえって税金が6倍に増える法律のために、空き家状態で放置される場合が多い。地方は古い住宅を壊して新たに家を建てるより、新しい土地に家を建てるほうがコストが少なくて済むため、どんどん家が増え続けている。また、地方にある両親の家を相続したものの、都市に職場があり、子孫が帰郷せず、空き家になってしまう場合もある。

近年は市民団体や民間企業が空き家を登録し、空き家使用を申請する人と繋げるサービスを行うことが増えているが、空き家問題はしばらく続くものと予測される。

빈집 문제

최근 언론에 자주 등장하는 사회문제의 하나가 빈집 문제이다.

빈집 증가의 근본적인 원인은 인구감소와 고령화이다. 빈집 전체의 약 반수는 빌릴 사람이 없는 임대용 주택으로, 주택 공급이 과잉인 상태에 있다. 그 외에도 여러 이유로 장기간 사람이 살지 않는 주택도 있어 문제가 되고 있다.

그 이유의 하나가 세금 문제이다. 도시에서는 사람이 살지 않는 낡은 주택은 부수어 빈 땅으로 만들면 오히려 세금이 6배로 늘어나는 법률 때문에, 빈집 상태로 방치되는 경우가 많다. 지방은 낡은 주택을 부수고 새로이 집을 짓는 것보다, 새 토지에 집을 짓는 편이 비용이 적게 들기 때문에 점점 집이 계속 늘고 있다. 또한 지방에 있는 부모 집을 상속했으나, 도시에 직장이 있어서 자손이 귀향하지 않아 빈집이 되어버리는 경우도 있다.

최근에는 시민단체나 민간기업이 빈집을 등록하고, 빈집 사용을 신청하는 사람과 연결해주는 서비스를 하는 경우가 늘고 있지만, 빈집 문제는 당분간은 계속될 것으로 예측된다.

9

家を借りること

1. 日本の住まいの賃貸事情
2. 賃貸住まいの初期費用
3. キーワードで見る日本文化
4. 話してみましょう
5. 調べてみましょう
6. 留学生の住まい

賃貸入居申込書（個人
物件
物件名
所在地
号室
入居希望
賃料
共益費
町費
駐車料
敷金
礼金
月額合計
火災保険
鍵交換
円

1 日本の住まいの賃貸事情

日本で家を借りるときは、一定の金額を保証金として預けておいて賃貸契約終了時にお金を返してもらうという制度はなく、毎月家賃を支払うことになります。月々の家賃は、家の広さや駅までの距離、築年数などによって決まります。部屋の広さを表すのには「畳」という言葉を使います。これは、日本の畳一枚分の大きさを表す単位です。例えば6畳というのは、畳6枚分の広さに相当する部屋です。ほかにも４畳半、８畳の部屋などがあります。家の大きさは１R、１DK、２LDKなどと言って表します。１R(R:room)はワンルームで、１DK(DK:dining kitchen)は一つの部屋と、部屋とは別に食卓兼台所の空間がある家です。２LDK(L:living room)は２つの部屋と、居間・食卓・台所の空間がある家を意味しています。不動産屋では、出入口付近や壁に掲示物が貼ってあり、家の大きさや部屋の構造、家賃などを確認することができます。ペットを飼ったり楽器を演奏したりしてもいい家かどうかも、よく確認しておく必要があります。

物件の表示例

일본의 주택 임대사정

일본에서 집을 빌릴 때는 일정 금액을 보증금으로 맡겨 두고 임대계약 종료 시에 돈을 돌려받는 제도(일명 전세제도)는 없어서 매월 임대료를 지불하게 됩니다. 매달 임대료는 집의 넓이나 역까지의 거리, 건축년수 등에 따라 정해집니다. 방의 넓이를 나타내는 데에는 '畳'라는 말을 사용합니다. 이것은 일본의 다다미 1장 분의 크기를 나타내는 단위입니다. 예를 들면 6畳라는 것은 다다미 6장분의 넓이에 상응한 방입니다. 그 외에도 4畳반, 8畳의 방 등이 있습니다. 집의 크기는 1R, 1DK, 2LDK 등으로 나타냅니다. 1R은 원룸이고, 1DK는 하나의 방과 방과는 별도로 식탁 겸 부엌 공간이 있는 집입니다. 2LDK는 2개의 방과 거실·식탁·부엌 공간이 있는 집을 의미합니다. 부동산에서는 출입구 부근이나 벽에 게시물이 붙어 있어 집의 크기나 방의 구조, 집세 등을 확인할 수 있습니다. 애완동물을 기르거나 악기를 연주한다든가 해도 괜찮은 집인지 아닌지도 잘 확인해 둘 필요가 있습니다.

2 賃貸住まいの初期費用

日本では、家を借りる時いくらくらいかかるのでしょうか。まず必要なのは「敷金」です。敷金は入居時に支払い、退去する時、部屋がきれいな状態に保たれていればそのまま返金してもらえますが、そうでない時は修理代などが差し引かれます。次に「礼金」です。これは入居時に大家さんに払う謝礼金のことで、戻ってきません。そして「家賃」です。これは毎月決められた日に支払う家の使用料に当たるお金です。さらに、家を紹介してくれた不動産屋に払う「仲介手数料」もあります。例えば、家賃を基準として敷金２か月分、礼金１～２か月分、仲介手数料１か月分に、家賃まで支払うと考えると、家賃の約5~6か月分の初期費用が必要となります。 先払いが一般的なので、入居時にすぐ支払うことになります。ただ、最近は人口が減り、空き部屋が多くなっているため、敷金と礼金を払わなくてもいい家や、仲介手数料がいらない家、また最初の１～３か月分の家賃を無料にしてくれるフリーレントの物件も出てきています。

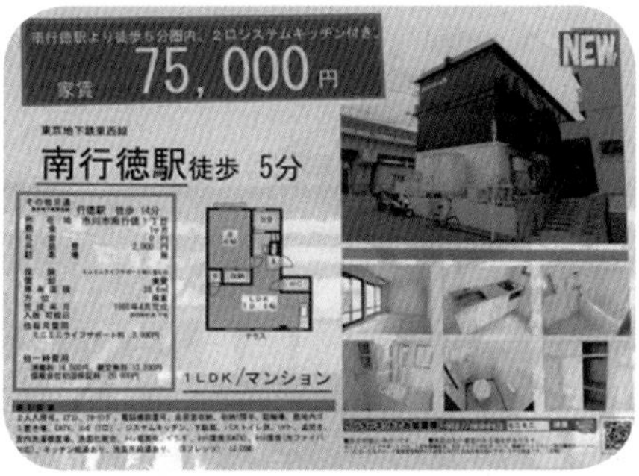

임대주택의 초기 비용

일본에서는 집을 빌릴 때 얼마 정도 들까요? 먼저 필요한 것은 '敷金'(보증금) 입니다. 보증금은 입주 시에 지불하고, 퇴거할 때 방이 깨끗한 상태로 유지되어 있다면 그대로 반환 받을 수 있지만, 그렇지 않을 때는 수리비 등이 공제됩니다. 다음으로 '礼金'(사례금)입니다. 이것은 입주 시에 집주인에게 지불하는 사례금을 말하며, 되돌아오지 않습니다. 그리고 '家賃'(집세)입니다. 이것은 매월 정해진 날에 지불하는 집 사용료에 해당하는 돈입니다. 또한 집을 소개해 준 부동산에 지불하는 '중개수수료'도 있습니다. 예를 들면 집세를 기준으로 보증금 2개월분, 사례금 1~2개월분, 중개수수료 1개월분을 지불한다고 생각하면, 집세의 약 5~6개월분의 초기비용이 필요하게 됩니다. 선불이 일반적이기 때문에 입주 시에 바로 지불하게 됩니다. 단, 최근에는 인구가 줄고, 빈방이 많아졌기 때문에, 보증금과 사례금을 지불하지 않아도 되는 집이나 중개수수료가 필요 없는 집, 또 처음 1~3개월분의 집세를 무료로 해주는 프리 렌트 물건도 나오고 있습니다.

③ キーワードで見る日本文化

● 次の写真に当てはまることばを下から選んで書きましょう。

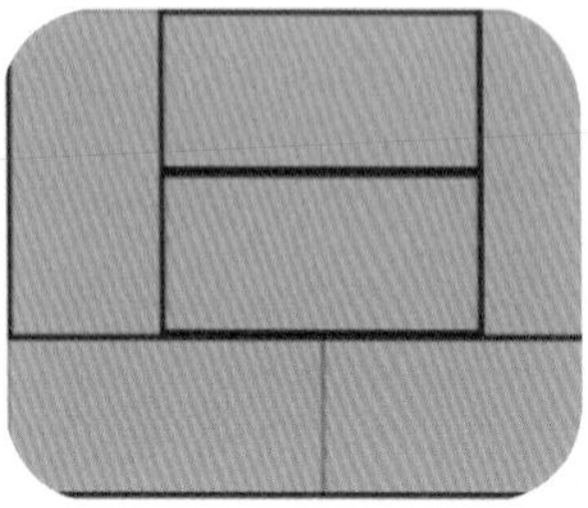

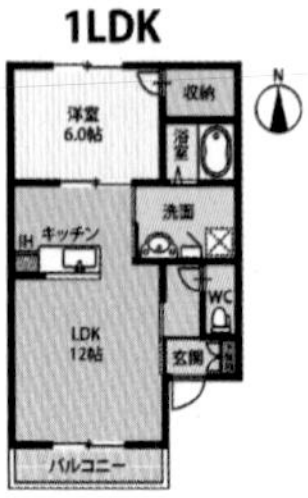

- 畳(6畳)
- 間取り図
- 不動産屋
- ワンルーム
- ユニットバス
- LDK
- 日当たり
- 家賃
- 敷金

4 話してみましょう

1 部屋を借りる時、自分にとって絶対に必要な条件や設備は何ですか。下から選んでその理由も話してみましょう。

トイレ、浴槽(湯舟)、シャワー、フローリング、駐車場、
自転車置き場、ベランダ、日当たり、駅から歩いて5分以内、
近くに○○（コンビニ、スーパー、クリーニング屋、銭湯など）

2 日本の賃貸物件のように、入居の条件として楽器演奏やペット飼育を細かく規定しておくことについてどう思いますか。クラスメートと意見を話し合ってみましょう。

5 調べてみましょう

● あなたは半年間日本に住むことになりました。部屋探しのサイトで検索して*住みたい部屋を探してみましょう。探した部屋の内容を下の表に書きましょう。

*「家を借りる 検索」と入力すると、家を借りるためのサイトが出てきます。

項目	内容
家のタイプ	
地域	
間取り	
初期費用	

6 留学生の住まい

日本に留学する時に何よりも重要なことは住居を決めることだ。留学生の住居は、大学の寮を利用するか、民間の不動産会社を通して賃貸アパートなどを借りることが一般的だ。

大学寮は、民間の賃貸住宅と比較してどのようなメリットがあるだろうか。まず、寮の場合は、初期費用があまりかからないのが良い点だ。一般の住宅では敷金や礼金などが必要なことが多いが、寮の場合はそれらが免除されることもある。そして、家賃を比べてみても、一般の賃貸住宅より安い傾向がある。また、日本で部屋を借りるには、保証人が必要になり、それが留学生にとって大きな悩みであるが、大学寮では保証人不要の場合が多い。このように、大学寮は、初めて日本に住む留学生にとって、心理的にも経済的にも大きな支えになっている。

そのほか、グローバル化を目指す多くの大学では、国際寮が用意されている。国際寮は、日本人の学生と各国の留学生が同じ建物で暮らし、お互いの文化を知る経験ができるのが魅力である。

유학생의 거처

일본에 유학할 때에 무엇보다도 중요한 것은 주거를 정하는 것이다. 유학생의 주거는 대학의 기숙사를 이용하든가, 민간 부동산 회사를 통해 임대 아파트 등을 빌리는 것이 일반적이다.

대학 기숙사는 민간 임대주택과 비교하여 어떠한 장점이 있을까? 먼저 기숙사의 경우는 초기 비용이 그다지 들지 않는 것이 좋은 점이다. 일반 주택에서는 보증금이나 사례금 등이 필요한 경우가 많은데, 기숙사의 경우는 그것들이 면제되는 경우도 있다. 그리고 집세를 비교해 보아도 일반 임대주택보다 저렴한 경향이 있다. 또한 일본에서 방을 빌리는 경우에는 보증인이 필요하게 되어, 그것이 유학생에게 큰 고민거리이지만, 대학 기숙사에서는 보증인이 필요 없는 경우가 많다. 이와 같이 대학 기숙사는 처음으로 일본에 사는 유학생에게 심리적으로도 경제적으로도 커다란 의지가 된다.

그 외에 글로벌화를 목표로 하는 대부분의 대학에서는 국제 기숙사가 준비되어 있다. 국제 기숙사는 일본인 학생과 각국 유학생이 같은 건물에서 생활하여, 서로의 문화를 아는 경험을 할 수 있는 것이 매력이다.

Ⅲ. 町で

10

お金

1 お金の払い方
2 割り勘に対する意識
3 キーワードで見る日本文化
4 話してみましょう
5 調べてみましょう
6 お金という言葉の由来

ヨーグルト
ALOE YOGURT
森永
アロエ
ヨーグルト
-3D
アロエヨーグル
130
¥ 140)

青森産
サンふじ
個>
158
円
(税込 170.64円)

1 お金の払い方

日本での支払い方法は大きく分けて現金とクレジットカードです。長らく現金払いを選ぶ人が優勢でしたが、最近では、電子マネーやスマートフォン決済も増え、駅やコンビニ、大型店では現金やクレジットカードを含め、様々な支払い方法が選べるようになってきています。一方で、小規模な食堂や店では現金払いのみ可能というところも多くあります。

日本の買い物文化のうち特徴的なのは、物の値段に消費税10%を追加して支払うことです。例えば、ボールペンの値段が100円だとすると、精算時には110円を払います。消費税は、景気と関係なく安定的な税収確保のための政策として1989年に導入されました。2014年には5%から8%、2019年10月からはさらに10%に引き上げられました。ただし、食費をはじめ、生活に必要不可欠な品目に関してはこれまで通り8%が適用されます。そのため、例えばカフェでコーヒーを買ったとき、持ち帰る場合は「食費」とみなされて8%、店内で飲む場合は「外食費」となり、10%の消費税が課されます。

돈 지불하는 방법

일본에서의 지불방법은 크게 나누어 현금과 신용카드입니다. 오랫동안 현금지불을 선택하는 사람이 우세했습니다만, 최근에는 전자머니나 스마트폰 결제도 늘어 역이나 편의점, 대형 가게에서는 현금이나 신용카드를 포함하여 다양한 지불방법을 선택할 수 있게 되었습니다. 한편 소규모 식당이나 가게에서는 현금지불만 가능한 곳도 많이 있습니다.

일본에서의 쇼핑문화 중 특징적인 것은 물건 가격에 소비세 10%를 추가하여 지불하는 것입니다. 예를 들면, 볼펜 가격이 100엔이라고 하면, 정산 시에는 110엔을 지불합니다. 소비세는 경기와 관계없이 안정적인 세수확보를 위한 정책으로서 1989년에 도입되었습니다. 2014년에는 5%에서 8%, 2019년 10월부터는 다시 한번 10%로 인상되었습니다. 단 식비를 비롯하여 생활에 필요 불가결한 품목에 관해서는 기존대로 8%가 적용됩니다. 그 때문에 예를 들면 카페에서 커피를 살 때, 테이크 아웃일때는 '식비'로 간주되어 8%, 카페에서 마실 때는 '외식비'가 되어 10%의 소비세가 부과됩니다.

2 割り勘に対する意識

割り勘とは食事会などの参加者が自分の代金だけを支払うこと、あるいは総額を参加者の人数で割って代金を支払うことを指します。友人と各自一品ずつを注文した場合は、自分が注文した料理の代金を支払います。また何人かで居酒屋などでいろいろな料理を注文して一緒に食べる場合は、総額を参加者の人数で割って代金を支払います。日本での割り勘は、貸し借り無しに均等に負担しようという考え方からきているようです。全員が同額を支払うのが一般的ですが、年長者と若者がいた場合、年長者が多めに支払うことも少なくありません。また、居酒屋で一人だけ多く飲酒した際には、その人が多く払う場合もあれば、均等に払う場合もあり、払い方はまちまちのようです。貸し借りを敬遠する傾向のある日本でも直接的に「割り勘」という言葉を口にすることはあまりありません。「一人当たり1300円でいいかな」のように、払うべき金額を提示して「割り勘」という言葉を間接的に伝える場合が多いです。

각자 부담에 대한 의식

'割り勘'이란 회식모임 등의 참가자가 자신의 비용을 지불하는 것, 혹은 총액을 참가자 인원수로 나누어 대금을 지불하는 것을 가리킵니다. 친구와 각자 한 가지씩을 주문한 경우는 자신이 주문한 요리의 대금을 지불합니다. 또한 여러 명이서 선술집과 같은 곳에서 여러가지 요리를 주문하여 함께 먹는 경우는 총액을 참가자의 인원수로 나누어 비용을 지불합니다. 일본에서의 '割り勘'은 빌려주고 빌리는 것 없이 균등하게 부담하려는 의식에서 나왔다고 할 수 있습니다. 전원이 같은 금액을 지불하는 것이 일반적이지만, 연장자와 젊은이가 있을 경우 연장자가 더 많이 지불하는 것도 적지 않습니다. 선술집에서 한 사람만 많이 술을 마셨을 때에는 그 사람이 많이 지불하는 경우도 있는가 하면, 균등하게 지불하는 경우도 있어 지불 방법은 제각각인 것 같습니다. 빌려주고 빌리는 것을 꺼려하는 경향이 있는 일본이라도 직접적으로 '割り勘'이라는 단어를 입에 담는 경우는 그다지 없습니다. '한 사람당 1300엔이면 괜찮을까'와 같이 지불해야 할 금액을 제시하여 '割り勘'이라는 말을 간접적으로 전하는 경우가 많습니다.

3 キーワードで見る日本文化

- 次の写真に当てはまることばを下から選んで書きましょう。

消費税　クレジットカード　小銭

財布・小銭入れ　ATM　お札

窓口　銀行　ICカード乗車券

＊SuiCaやPasmoなどのICカードが買い物にもよく使用される

4 話してみましょう

1 日本式の割り勘について賛成ですか、反対ですか、その理由は何ですか。

	賛成／反対
理由	

2 あなたの国で日本人を食事に誘った場合、あなたならどのような支払い方をすると思いますか。またその理由を話し合いましょう。

	あなたの考え		(　　)さんの考え		(　　)さんの考え	
支払い方	[ ]	割り勘をする	[ ]	割り勘をする	[ ]	割り勘をする
	[ ]	自分が払う	[ ]	自分が払う	[ ]	自分が払う
	[ ]	相手に払ってもらう	[ ]	相手に払ってもらう	[ ]	相手に払ってもらう
選んだ理由						

5 調べてみましょう

● 日本のお札とあなたの国のお札に描かれているものを調べて比較してみましょう。

日本のお札		あなたの国のお札	
1000円			
5000円			
10000円			

6 お金という言葉の由来

「お金(かね)」という言葉は、その漢字からして、いかにも高級な感じがする。「おかね」と「金(きん=gold)」。その希少性の高さ、美しさ、加工のしやすさなど、どれをとっても「金(きん)」は「おかね」になるに十分な資格があると言える。しかし、お金の「金(かね)」を辞書で調べると、「金(きん)」の意味にとどまらず、銀、銅、鉄など金属一般を指し、そこから金銭、貨幣、紙幣の意味で使われるようになったとある。昔は、品物交換の際に、布や穀物、貝などがお金の代わりとして広く使われていたそうだ。ところが、使っていくうちに、持ち運びが不便、均一した生産や大量生産に不向き、といった不満の声が上がり、加工しやすくて劣化しにくい金属でお金を作るようになったと言われている。こうした経緯を経て金物の「金(かね)」が「お金」になったわけだが、現代のお金に関して言うと、金属製の硬貨だけでなく、紙製の紙幣、ひいてはバーチャルな仮想通貨までもが主流になってきている。

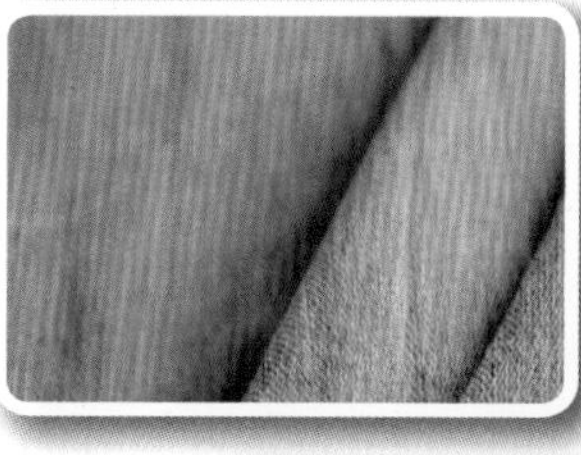

돈이라는 말의 유래

'お金(かね)'라는 말은 그 한자부터가 매우 고급스러운 느낌이 든다. 'おかね'와 '金(きん=gold)'. 그 높은 희소성, 아름다움, 가공하기 쉬움 등 모든 점에서 '金(きん)'은 'おかね'가 되기 위한 자격이 충분하다고 할 수 있다. 하지만 돈을 의미하는 '金(かね)'를 사전에서 조사해 보면 '金(きん)'의 의미에 그치지 않고 은, 동, 철 등 금속일반을 가리키며 그러한 연유로 금전, 화폐, 지폐의 의미로 사용되었다고 한다. 옛날에는 물물교환을 할 때 천이나 곡물, 조개 등이 돈의 대체재로서 넓게 사용되었다고 한다. 하지만 사용하다 보니 갖고 다니는 것이 불편하고, 균일적인 생산이나 대량생산에 적합하지 않다는 불만의 소리가 생겨, 가공하기 쉽고 열화되지 않는 금속으로 돈을 만들게 되었다고 한다. 이러한 경위를 거쳐 철물의 '金(かね)'가 'お金'가 된 것이지만, 현대의 돈에 관해서 말하자면, 금속제의 동전만이 아니라 종이 지폐, 나아가서는 가상통화까지도 주류가 되어가고 있다.

11

コンビニ

1. コンビニ
2. コンビニの従業員(じゅうぎょういん)の言葉(ことば)と服装(ふくそう)
3. キーワードで見(み)る日本文化(にほんぶんか)
4. 話(はな)してみましょう
5. 調(しら)べてみましょう
6. バイト敬語(けいご)

1 コンビニ

日本のコンビニはコンビニエンスストア(convenience store)の省略形です。コンビニは使い捨て用品だけでなくお菓子、カップラーメン、パン、お弁当、サラダなど、様々な食料品が販売されています。本や雑誌の購入や公共料金の支払いができ、コピー機やATM、コンサート類のチケット販売機も設置されています。宅配サービスもあり、荷物を送るだけでなく、コンビニで荷物を受け取ることもできます。不在中に荷物が届けられることを避けるため、コンビニを受け取り先に設定しておいて、自分の好きな時間に受け取るのです。お客さんの利便性のため、無料で利用できるトイレが設置されているところも多くあります。

またコンビニによって特色があり、様々なジャンルの本が揃っているコンビニ、スーパーのように色々なものが揃っているコンビニ、低カロリーのパンやスナック菓子、デザートの種類がとても豊富なコンビニなどがあるので、自分の好みによって選ぶという人が多いです。

편의점

일본의 편의점 'コンビニ'는 'コンビニエンスストア(convenience store)'의 생략형입니다. 편의점은 일용품뿐만 아니라 과자, 컵라면, 빵, 도시락, 샐러드 등 다양한 식료품이 판매되고 있습니다. 책과 잡지 구입, 공공요금 지불이 가능하고 복사기와 ATM, 콘서트류의 티켓 판매기도 설치되어 있습니다. 택배 서비스도 있어서 짐을 부치는 것만이 아니라 편의점에서 짐을 받을 수도 있습니다. 부재중에 짐이 배달되는 것을 피하기 위해 편의점을 수취인 주소로 설정하여 자신이 편한 시간에 받는 것입니다. 고객의 편의를 위해 무료로 이용 가능한 화장실이 설치되어 있는 곳도 많이 있습니다.

또한 편의점에 따라 특색이 있어서 다양한 장르의 책이 구비되어 있는 편의점, 마트와 같이 다양한 물건이 구비되어 있는 편의점, 저칼로리 빵이나 스낵과자, 디저트 종류가 매우 풍부한 편의점 등이 있으므로 본인의 취향에 따라 선택하는 사람들이 많습니다.

2 コンビニの従業員の言葉と服装

コンビニの従業員は、マニュアルにしたがった言動をとらなければなりません。お客様が店を出入りするときは「いらっしゃいませ」「ありがとうございました」のように挨拶をしなければいけません。また、お客様が商品を持ってきたら、バーコードをスキャンしながら値段を言うことになっています。お客様から代金をもらったら「○○円お預かりします」のように、もう一度確認します。おつりはカウンターに置かず、直接お客さんに渡さなければなりません。

従業員の服装に関しても規定があります。過度に髪を染めること、ひげ、ピアス、ネックレス、マニキュア、指輪、時計、香水、ブレスレットが禁止されています。長い髪は後ろで結ばねばならず、ユニフォームは破れたり色あせていてはいけません。靴は、サンダルのように肌が見えるものやハイヒールのように安定感のないものを履いてはいけません。従業員の言動がこのようなマニュアルから外れていると、お客さんが不快に感じる場合もあります。

편의점 종업원의 말과 복장

편의점 종업원은 매뉴얼에 따라 말과 행동을 해야 합니다. 손님이 가게로 들어오고 나갈 때는 'いらっしゃいませ' 'ありがとうございました'와 같이 인사를 해야 합니다. 또한 손님이 상품을 가지고 오면, 바코드를 찍으면서 가격을 말해야 합니다. 손님에게 돈을 받고 나면 '○○円お預かりします'와 같이 다시 한번 확인합니다. 잔돈은 카운터에 놓지 않고 직접 손님에게 건네야 합니다.

종업원의 복장에 관해서도 규정이 있습니다. 과도하게 염색하는 것, 수염, 귀걸이, 목걸이, 매니큐어, 반지, 시계, 향수, 팔찌가 금지되어 있습니다. 긴 머리는 뒤로 묶어야 하며 유니폼은 찢어지거나 색이 바래 있으면 안 됩니다. 신발은 샌들과 같이 살이 보이는 것이나 하이힐과 같이 안정감이 없는 것을 신어서는 안 됩니다. 종업원의 말과 행동이 이러한 매뉴얼에서 벗어나면 손님들이 불쾌하게 여기는 경우도 있습니다.

3 キーワードで見る日本文化

● 次の写真に当てはまることばを下から選んで書きましょう。

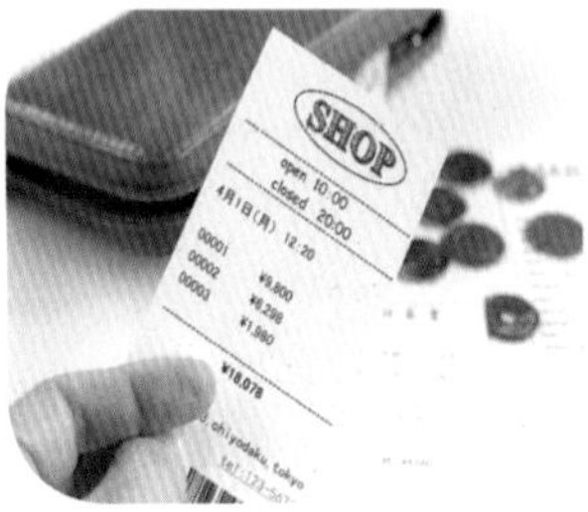

賞味期限　お弁当　雑誌

レジ　カップラーメン　サラダ

ビニール袋　レシート　コピー機

4 話してみましょう

1 日本のコンビニに行ったら、どんなサービスを利用してみたいですか。

あなたの考え	(　) さんの考え	(　) さんの考え

2 日本ではコンビニの従業員の服装に関して徹底したマニュアルがありますが、そのことについてどう思いますか。

5 調べてみましょう

● 日本とあなたの国のコンビニの違いを調べて、比較してみましょう。

	日本	あなたの国
コンビニの名前		
特徴1		
特徴2		
特徴3		

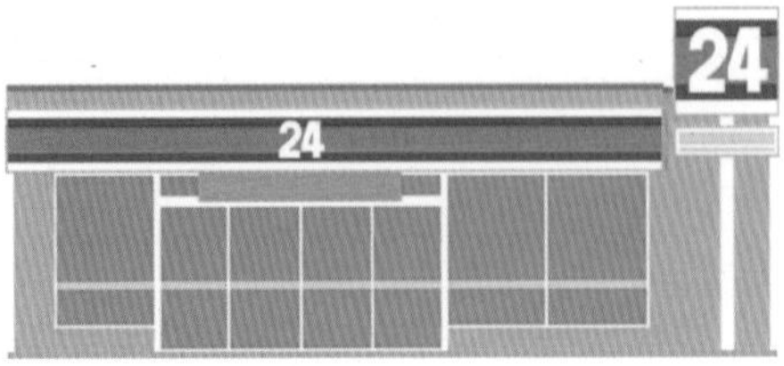

6 バイト敬語

日本のコンビニに行くと、ある種の決まった日本語表現を耳にすることがよくある。例えば、「おでんのご注文は以上でよろしかったでしょうか」「お待たせいたしました。こちら、商品になります」「千円からお預かりします」などの敬語表現は、主に接客の場面でアルバイト店員がよく使う言葉づかいであるため、俗に「バイト敬語」や「マニュアル敬語」と呼ばれる。先ほどの表現は、それぞれ「以上でよろしいでしょうか」「商品でございます」「千円お預かりします」のように答えるのが日本語の文法から見て正しい。そのため、バイト敬語は日本語の乱れや若者言葉の一種であると否定的に捉える人々は少なくない。一方で、客に対してストレートな表現をなるべく避けるのは、常に親切かつ誠意をもって接するという店員から客への気配りの表れであり、バイト敬語はその気配りが反映された丁寧な表現と見る向きもある。文法的に正しい文ばかりが日本語ではないのである。

알바 경어

일본의 편의점에 가면, 어떤 종류의 정해진 일본어 표현을 듣는 경우가 종종 있다. 예를 들면, '오뎅 주문은 이상으로 괜찮으셨을까요?' '기다리게 하였습니다. 여기, 상품이 됩니다' '천엔부터 받겠습니다' 등의 경어표현은 주로 접객 장면에서 아르바이트 점원이 자주 사용하는 말투이기 때문에 흔히 '알바 경어' '매뉴얼 경어'라고 불린다. 방금 전의 표현은 각각 '이상으로 괜찮을까요' '상품입니다' '천엔 받았습니다'와 같이 대답하는 것이 일본어 문법의 관점에서 옳다. 따라서 알바 경어는 일본어의 잘못된 쓰임으로 보거나 젊은이 말의 일종이라고 부정적으로 파악하는 사람들이 적지 않다. 한편 손님에 대해 직접적인 표현을 가능한 피하고자 함은, 늘 친절하고 성의를 갖고 접하려는, 점원의 손님에 대한 배려가 나타난 것이며, 알바 경어는 그 배려가 반영된 정중한 표현으로 보는 견해도 있다. 문법적으로 옳은 문장만이 일본어는 아닌 것이다.

12

ファミリーレストラン

1. ファミリーレストラン
2. ファミリーレストランのいろいろな工夫
3. キーワードで見る日本文化
4. 話してみましょう
5. 調べてみましょう
6. お子様ランチ

CASHIER
Caféレストラン
ガスト
IN
CAFÉ
RESTAURANT
GUSTO

1 ファミリーレストラン

日本のファミリーレストランは名称からもわかるように家族連れの客を主なターゲットとするレストランです。手ごろな値段と快適な雰囲気で、友人との集まりや地域住民が様々な目的で気軽に会える場としても利用されるだけでなく、食事をしながら一人で本を読んだり、勉強したりするために利用するなど、老若男女にとても人気があります。

座席数が80席以上の比較的広めの空間と広い駐車場を完備したところが多く、500円から2000円くらいの値段で、ハンバーグ、スパゲッティ、なべ料理、揚げ物など、様々なメニューが楽しめます。本社で一括して調理し出来上がり一歩手前の状態の料理を各店舗に配送するため、どの店に行っても同じクオリティーの料理を味わうことができます。また、産地の情報も詳しく載せてあり、食品の安全と安心のための配慮がうかがえます。さらにドリンクバーがあり、150円から300円ほど払えば何杯でもおかわりが自由にできます。

패밀리 레스토랑

일본의 패밀리 레스토랑은 명칭에서도 알 수 있듯이 가족을 동반한 손님을 주 대상으로 하는 레스토랑입니다. 저렴한 가격과 쾌적한 분위기로 친구들 모임이나 지역주민이 다양한 목적으로 가볍게 만날 수 있는 장소로도 이용될 뿐만 아니라 식사를 하면서 혼자 책을 읽거나 공부를 하기 위해서 이용하는 등 남녀노소에게 매우 인기가 있습니다.

좌석 수가 80석 이상 되는 비교적 넓은 공간과 넓은 주차장을 완비한 곳이 많고, 500엔에서 2000엔 정도의 가격으로, 함박 스테이크, 스파게티, 냄비요리, 튀김류 등 다양한 음식을 즐길 수 있습니다. 본사에서 일괄적으로 조리하여 완성 직전 상태의 요리를 각 점포에 배송하기 때문에 어떤 가게로 가도 동질의 요리를 맛볼 수 있습니다. 또한 산지 정보도 자세하게 적혀 있어, 식품의 안전과 안심을 위한 배려가 엿보입니다. 특히 드링크바라는 것이 있어서 150엔에서 300엔 정도 지불하면 몇 잔이라도 리필을 자유롭게 할 수 있습니다.

2 ファミリーレストランのいろいろな工夫

ファミリーレストランは日本全国に広がっており、人気が高いですが、その理由は品質を維持しながらも安価であるためです。最近は 競争が徐々に激しくなり、レストランの品質とサービス向上のため様々な工夫が見られます。

まず、ドリンクバーですが、レストランによっては高品質のコーヒー豆を使ったり、お茶の種類を豊富に揃えたりするところもあります。100%オレンジジュースを目玉としているところ、毎日様々な種類のお茶を提供する「日替わり冷茶」など、新しいサービスでレストランの品質を高めているところもあります。

客席に関しては、席を分ける高いタイプのパーテーションを導入し、隣の席を気にせずにプライベートな空間を作れるよう配慮している店もあります。また混んでいる時間帯でなければお客さんが長時間席を占有しても特に干渉されません。店内のサービス以外には電話で注文すると家まで届けてくれるデリバリーサービスも登場しました。他社のファミレスとの差別を図るため、独自のサービスが増えてきています。

패밀리 레스토랑의 여러 가지 대책

패밀리 레스토랑은 일본 전국에 확산되어 인기가 높습니다만, 그 이유는 품질을 유지하면서 가격이 저렴하기 때문입니다. 최근에는 경쟁이 갈수록 심해져서 레스토랑의 품질과 서비스 향상을 위한 다양한 대책을 볼 수 있습니다.

먼저 드링크바에 대한 것인데, 레스토랑에 따라서는 고품질의 커피콩을 사용하거나 차 종류를 풍부하게 갖추거나 하는 곳도 있습니다. 100% 오렌지주스를 세일즈 포인트로 하는 곳, 매일 다양한 종류의 차를 제공하는 '히가와리냉차' 등 새로운 서비스로 레스토랑의 품질을 올리고 있는 곳도 있습니다.

객석에 관해서는 자리를 구분하는 높은 타입의 파티션을 도입하여 옆 좌석을 의식하지 않고 사적인 공간이 생기도록 배려한 가게도 있습니다. 또한 붐비는 시간대가 아니면 손님이 장시간 자리를 점유해도 별다른 간섭을 받지 않습니다. 가게 안의 서비스 이외에는 전화로 주문하면 자택까지 배달해 주는 배달 서비스도 등장했습니다. 다른 회사 패밀리 레스토랑과의 차별화를 도모하기 위해 독자적인 서비스가 늘어가고 있습니다.

3 キーワードで見る日本文化

● 次の写真に当てはまることばを下から選んで書きましょう。

ライス大盛　日替わり定食　ドリンクバー

持ち帰り　喫煙席　禁煙席

デザート　ブレンドコーヒー　ICカード

4 話してみましょう

1 24時間営業のファミレスが家の近くにあったら、利用しますか。利用するとしたら、どのように利用したいですか。

2 家で作って食べずに、外食だけで生活することについて賛成ですか、反対ですか。

賛成 / 反対	あなたの考え	クラスメートの考え

5 調べてみましょう

● ファミリーレストランのメニューを調べて、食べたいものを話し合いましょう。

	あなたの考え	クラスメートの考え
ファミリーレストランの名前		
メニューの例を 3つぐらいあげましょう。		
その中で、自分が食べたいもの		

6 お子様ランチ

ファミリーレストランでもよく見かける「お子様ランチ」は、ランチタイム以外でも注文できる、小学校低学年までの子供向けに用意されたメニューのことを言う。日本で「お子様ランチ」が生まれた1930年代は世界恐慌の真っ只中で、少しでも子供たちに楽しい気持ちになってもらいたいというのが開発のモットーであったと言われている。それで、キャラクター入りのランチプレートにご飯を山形に盛ったあと、その上に爪楊枝で作った旗を立てたり、子供の好きなハンバーグや唐揚げ、エビフライのようなおかずを添えたりするなど、様々な工夫が施されている。おかずそのものも子供がちょうど食べ切れる量に配慮しているので、現在では食の細い女性やお年寄りにも人気がある。ただ、基本的に量よりも子供の食育を目的としたメニューなので、店によっては子供しか注文できない場合もある。小さい子供の客にはおもちゃをプレゼントしてくれるところもあり、子供のための様々な配慮がなされているところが多い。

어린이용 런치

패밀리 레스토랑에서 자주 보는 '어린이 런치'는 런치타임 이외에도 주문할 수 있는, 초등학교 저학년까지의 어린이를 위해 준비된 메뉴를 말한다. 일본에서 '어린이 런치'가 생긴 1930년대는 세계공황이 한창이었을 때로, 조금이라도 어린이들이 즐거워했으면 한 것이 개발의 취지였다고 한다. 그래서 캐릭터가 들어간 런치 플레이트에 밥을 산 모양으로 담은 후 그 위에 이쑤시개로 만든 깃발을 세우거나 어린이가 좋아하는 함박 스테이크나 닭튀김, 새우튀김과 같은 반찬을 더하는 등 다양한 시도가 이루어졌다. 반찬 그 자체도 어린이가 딱 먹을 수 있는 양으로 배려하고 있어, 현재는 식사량이 적은 여성이나 노인에게도 인기가 있다. 단 기본적으로 양보다도 어린이의 바른 식생활을 목적으로 한 메뉴이기 때문에 가게에 따라서는 어린이밖에 주문하지 못하는 경우도 있다. 어린이 손님에게는 장난감을 선물로 주는 곳도 있어 어린이를 위한 다양한 배려가 이루어지고 있는 곳이 많다.

13

町づくり

1. 住民が住みやすくなるための町づくり
2. 町の防犯「110番」
3. キーワードで見る日本文化
4. 話してみましょう
5. 調べてみましょう
6. 活性化のための町おこし

犬の散歩について
● 犬を放さない
（飼主の係留義務）
● 公園を汚さない
（フンの持ち帰り）
条例等による禁止行為です。
公園管理者

1 住民が住みやすくなるための町づくり

住民が住みやすい町を作るための様々な活動として、日本では町のあちこちで「タバコ」「ゴミ」「ペット」についての標語が目に入ります。まず、公共の場で歩きながらタバコを吸うことを「歩きタバコ」と言い、道で凶器に変わりうるタバコによる危険な行為として規制の対象になっています。自治体レベルでは条例を作って制限するところも多く、東京の千代田区の場合は過料2000円を徴収しています。

次に、日本のごみは総量が2000年度以降減少していますが、ごみの分別によってリサイクルできるように法律が変わったことが最も大きい要因です。反対に増加しているのは、ペットです。ペットは飼い主の心を癒す効果があるためか、次第に飼う人が増えています。散歩のときにはフンの処理を必ず行うなど、ペットに対する責任と義務を求める条例を制定する自治体もあります。これらの条例には、タバコやゴミ、ペット関連の注意事項を守ることで住みやすい町を作っていこうという意図があります。

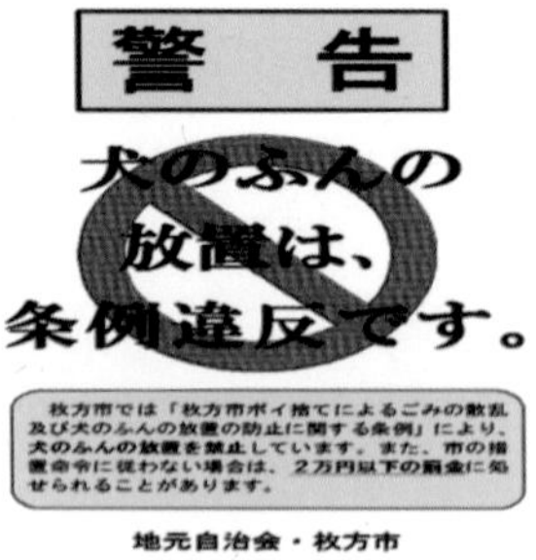

주민이 살기 좋게 되기 위한 마을 만들기

주민이 살기 좋은 마을을 만들기 위한 다양한 활동으로서 일본에서는 마을 여기저기에 '담배' '쓰레기' '애완동물'과 관련된 표어가 눈에 띕니다. 우선 공공장소에서 걸으면서 담배를 피는 것을 '歩きタバコ'라고 하여, 길에서 흉기로 바뀔 수 있는 담배로 인한 위험한 행위로 규제의 대상입니다. 지자체 레벨에서는 조례를 만들어 제한하는 곳도 많으며, 도쿄의 千代田구의 경우는 과태료 2000엔을 징수하고 있습니다.

다음으로 일본의 쓰레기는 총량이 2000년도 이후로 감소하고 있는데, 쓰레기 분리 수거를 통해 재활용이 가능하도록 법률이 바뀐 것이 가장 큰 요인입니다. 반대로 증가하고 있는 것은 애완동물입니다. 애완동물은 키우는 사람의 마음을 치유해주는 효과가 있어서인지 점차 키우는 사람이 늘고 있습니다. 산책 시에는 배설물 처리를 의무화하는 등, 애완동물에 대한 책임과 의무를 요구하는 조례를 제정한 지자체도 있습니다. 이들 조례에는 담배나 쓰레기, 애완동물 관련 주의사항을 지킴으로써 살기 좋은 마을을 만들어 가자는 의도가 있습니다.

2 町の防犯「110番」

警察への緊急通報用の電話番号は110番で、全国的に統一されたのは1954年からです。日本では「ひゃく(百)とお(十)ばん」と呼びますが、このような言い方が広まったのは日本で初めての刑事ドラマ「ダイヤル110番」に出てくる警察官のセリフが由来しているそうです。110番は、通報者が一方的に電話を切っても電話がつながった状態が続き、もう一度話したり逆探知したりすることが可能です。通報を受けてから警察官が現場に到着するまでの時間は全国平均で６分57秒だそうです。

過去に子どもをめぐる様々な事件が立て続けに起きたため、町の防犯活動の一環として、地域全体で子供を守ろうとする活動が始まりました。それが「110番の家」です。ボランティアの家庭や事業者は「子供を守る110番の家」「子供を守る110番の店」というプレートをつけておき、犯罪被害を受けたり受けそうになり助けを求めたりする子供を保護し、警察に通報をします。このように、町ぐるみでの防犯活動が日常的に行われています。

마을 방범 '110번'

경찰 신고용 전화번호는 110번으로, 전국적으로 통일된 것은 1954년부터입니다. 일본에서는 'ひゃくとおばん'이라고 부르는데, 이러한 용어가 널리 알려지게 된 것은 일본 최초의 형사드라마 'ダイヤル110番'에 나오는 경찰관의 대사가 유래라고 합니다. 110번은 신고자가 일방적으로 전화를 끊어도 전화가 연결된 상태가 유지되어 다시 한번 말하거나, 역탐지하거나 하는 것이 가능합니다. 통보를 받고 나서 경찰관이 현장에 도착할 때까지의 시간은 전국 평균 6분 57초라고 합니다.

과거에 아이들과 관련된 다양한 사건이 잇따라 일어나서, 마을의 방범활동의 일환으로, 지역 전체가 아이들을 지키려는 활동이 시작되었습니다. 그것이 바로 '110번의 집'입니다. 봉사 가정이나 사업자는 '어린이를 지키는 110번의 집' '어린이를 지키는 110번의 가게'라는 표찰을 붙여 범죄피해를 당했거나 당하게 될 것 같아 도움을 요청하는 어린이를 보호하고 경찰에 통보를 합니다. 이와 같이 마을 전체가 함께 하는 방범활동이 일상적으로 이루어지고 있습니다.

3 キーワードで見る日本文化

● 次の写真に当てはまることばを下から選んで書きましょう。

ごみの分別　粗大ごみ　ペットと飼い主

禁煙　火災　宅配

灰皿　ドッグフード

4 話してみましょう

● 住みやすい町のために、どんな規則を作ったらいいか話し合ってみましょう。

例）「ゴミの捨て方を厳しくする、捨て方が正しくないものは戻される」「公園で夜〇時以降騒がない」

	あなたの考え	クラスメートの考え
規則の内容		

5 調べてみましょう

● 人々が住みやすい町にするために実際にどのような取り組みが行われているか調べてみましょう。

具体的な例
・駅の近くに交番があり、地図を使って道案内をしてくれる。(日本)
・携帯電話が普及したことから、バスの中で充電ができる。(韓国)
・空港では無料で水が提供される。(日本)

6 活性化のための町おこし

「町おこし(町興し)」とは、地域の経済や文化などを活性化させることを言い、「地域おこし」とも言われている。キャラクター大国として知られる日本では、以前から町おこしの宣伝にその土地に関連したキャラクターを開発して用いていたが、2000年代に入り、その独特の雰囲気からそれらのキャラクターは「ご当地キャラ」として注目を集めるようになった。

「ご当地キャラ」は着ぐるみである場合が多く、デザインや動きがどこか力が抜けていて、見る人の心を和ませる。そのユニークさが大企業によって作られたキャラクターよりもかえって「癒やされる」と評判になり、全国的にご当地キャラブームが起こった。多くのご当地キャラは地域限定で活動していることが多いが、熊本県の「くまモン」や愛媛県の「いまばりバリィさん」などは、全国のご当地キャラの中から人気投票で一番を決める大会で優勝を果たしており、知名度も全国区となっている。その人気ぶりは芸能人並みと言っても決して過言ではない。

활성화를 위한 마을 살리기

'町おこし'란, 지역의 경제와 문화 등을 활성화하는 것을 말하며, '地域おこし'라고도 불린다. 캐릭터 대국으로 잘 알려진 일본에서는 이전부터 '町おこし'의 선전에 그 지역과 관련된 캐릭터를 개발하여 이용하였으나, 2000년대에 들어와 그 독특한 분위기 때문에 이들 캐릭터는 'ご当地キャラ'(지역의 마스코트 캐릭터)로서 주목을 받게 되었다.

'ご当地キャラ'는 인형탈인 경우가 많고 디자인과 움직임이 어딘가 힘이 빠져 있어 보는 사람의 마음을 편안하게 해준다. 이러한 독특함이 대기업에 의해 만들어진 캐릭터보다도 오히려 '치유된다'고 화제에 올라 전국적으로 'ご当地キャラ' 붐이 일어났다. 대부분의 'ご当地キャラ'는 지역한정으로 활동하는 경우가 많지만, 熊本현의 'くまモン'이나 愛媛현의 'いまばりバリィさん' 등은 전국의 'ご当地キャラ' 중에서 인기투표로 1등을 정하는 대회에서 우승을 하여, 지명도도 전국구가 되었다. 그 인기양상은 연예인에 버금간다고 해도 결코 과언이 아니다.

©Daiichi Printing

Ⅳ. 旅行

14 交通

- 日本の様々な交通手段
- 電車の乗り方
- 都市部と地方の自動車事情

15 温泉

- 日本の温泉
- 温泉の利用方法
- 旅館

16 地域

- 四つの主な島からなる日本
- 1都1道2府43県
- 日本での東西南北

17 日本の世界遺産

- 最初に登録された日本の世界遺産
- 古都京都の文化財
- 文化遺産としての富士山

14

交通

1. 日本の様々な交通手段
2. 電車の乗り方
3. キーワードで見る日本文化
4. 話してみましょう
5. 調べてみましょう
6. 都市部と地方の自動車事情

優先席
Priority Seat
优先座位
노약자석
おなかに赤ちゃ
やさしい心づかいを
寄りの方 ●からだの不自由な方 ●内部障がいのある方 ●乳幼児をお連れの方 ●妊娠している
優先席付近では、混雑時には携帯電話の電源をお切りくださ
When crowded, please turn off your mobile phone in this vicinity.
在优先座位附近，拥挤时请关掉手机电源
노약자석 근처가 혼잡할 때에는 휴대전화의 전원을 꺼주십시오.

1 日本の様々な交通手段

日本での交通手段には自転車、バス、電車、タクシーなどがあり、距離と目的によって利用する手段は変わります。

自転車は、駅やスーパーマーケット、学校など近距離を移動するときよく利用するので、いたるところに駐輪場があります。駅の周辺のバス停留所は目的地によって乗る場所が異なります。バスの中では、走行中は席を立たず、止まってドアが開いたら降りるドアまで移動しなければいけません。電車は、距離によって料金が変わるため、目的地が遠い場合には運賃がとても高くなります。そのため、特定区間を通勤や通学する場合、割安な定期券を作ることができます。タクシーは、荷物が多い人や足腰の弱いお年寄りが駅から家までの短距離を利用することが多いです。自動ドアのため、降りるとき乗客がドアを開けずにそのまま待てば自動で開くようになっています*。

自転車、バス、電車、タクシーは、安心、安全対策のため色々なことに注意して利用する必要があります。

*自動ドアが生まれる以前は、運転手が席を立ってお客さんのドアを開ける習慣があったが、その手間を省くために自動ドアが生まれたとも言われている。

일본의 다양한 교통수단

일본에서의 교통수단으로는 자전거, 버스, 전철, 택시 등이 있고, 거리와 목적에 따라 이용하는 수단은 달라집니다.

자전거는 역이나 슈퍼마켓, 학교 등 근거리를 이동할 때 자주 이용하므로 도처에 자전거 보관소가 있습니다. 역 주변 버스 정류소는 목적지에 따라 타는 장소가 다릅니다. 버스 안에서는 주행 중에는 자리에서 일어나지 않고, 버스가 멈추고 문이 열리면 내리는 문까지 이동해야 합니다. 전철은 거리에 따라 요금이 달라지므로 목적지가 먼 경우에는 운임비가 매우 비싸집니다. 따라서 특정구간을 통근이나 통학하는 경우, 할인이 적용된 정기권을 발급받을 수 있습니다. 택시는 짐이 많은 사람이나 다리, 허리가 약한 노인이 역에서 집까지의 단거리를 이용할 때 자주 사용합니다. 자동문이기 때문에 내릴 때 승객이 문을 열지 않고 그대로 기다리면 자동으로 열리게 되어 있습니다*.

자전거, 버스, 전철, 택시는 안심, 안전 대책을 위해 여러 면에서 주의하며 이용할 필요가 있습니다.

* 자동문이 생기기 이전에는 운전수가 자리에서 일어나 손님의 문을 열어주는 습관이 있었으나 그러한 수고를 덜기 위해 자동문이 개발되었다고 한다.

2 電車の乗り方

路線図を見れば目的地までの行き方が一目でわかる電車は、最も便利な交通手段と言えるでしょう。東京には一般的にJR線と呼ばれる路線と私鉄各社の路線があります。JRとはJapan Railwayの略で、旧国鉄を母体とする民営鉄道会社です。私鉄には「東京メトロ」「都営地下鉄」「小田急電鉄」「京王電鉄」「京急電鉄」などがあります。

東京ではJR線である山手線がよく使われます。新宿駅や池袋駅、東京駅、渋谷駅などの主要駅には、私鉄各線も通っています。電車の切符を現金で買うときは、発券機の上にある路線図を見ると駅名に料金が併記してあり、目的地までの料金を確認することができます。運賃体系が鉄道会社ごとに異なっているので、異なる会社の電車に乗り換える場合は、乗り換えた地点からの運賃を新たに支払うことになります。ただし、初めに２社分の運賃を支払って切符を買ったり、千円から一万円までのチャージが可能なICカード乗車券「Suica」を使う場合には、乗り換え時に新たに切符を買う必要はありません。

전철 타는 법

노선도를 보면 목적지까지 가는 법을 한 눈에 알 수 있는 전철은 가장 편리한 교통수단이라고 할 수 있지요. 東京에는 일반적으로 JR선이라고 불리는 노선과 사철 각 회사의 노선이 있습니다. JR이란 Japan Railway의 약자로 구 국철을 모체로 한 민영 철도회사입니다. 사철에는 '東京メトロ' '都営地下鉄' '小田急電鉄' '京王電鉄' '京急電鉄' 등이 있습니다.

東京에서는 JR선인 '山手線'이 자주 이용됩니다. 新宿역과 池袋역, 東京역, 渋谷역 등의 주요 역에는 사철 각 노선도 지나갑니다. 전철 표를 현금으로 구입할 때는 발권기 위에 있는 노선도를 보면 역명에 요금이 병기되어 있어 목적지까지 가는 요금을 확인할 수 있습니다. 운임체계가 철도회사마다 다르기 때문에 다른 회사의 전철로 환승할 경우에는 환승한 지점에서 운임비를 새롭게 지불하게 됩니다. 단 처음에 2개 회사의 운임비를 지불하여 표를 구입하거나, 1,000엔에서 10,000엔까지 충전이 가능한 IC카드 승차권 'Suica'를 사용할 경우에는 환승할 때에 새롭게 표를 구입할 필요는 없습니다.

③ キーワードで見る日本文化

● 次の写真に当てはまることばを下から選んで書きましょう。

パスポート　ホーム　切符うりば

駅　切符　バスの停留所

タクシー乗り場　改札口　運転席

4 話してみましょう

- 日本の交通手段について勉強してみて、自分の国の交通手段との「共通点」と「相違点」は何だと思いますか。

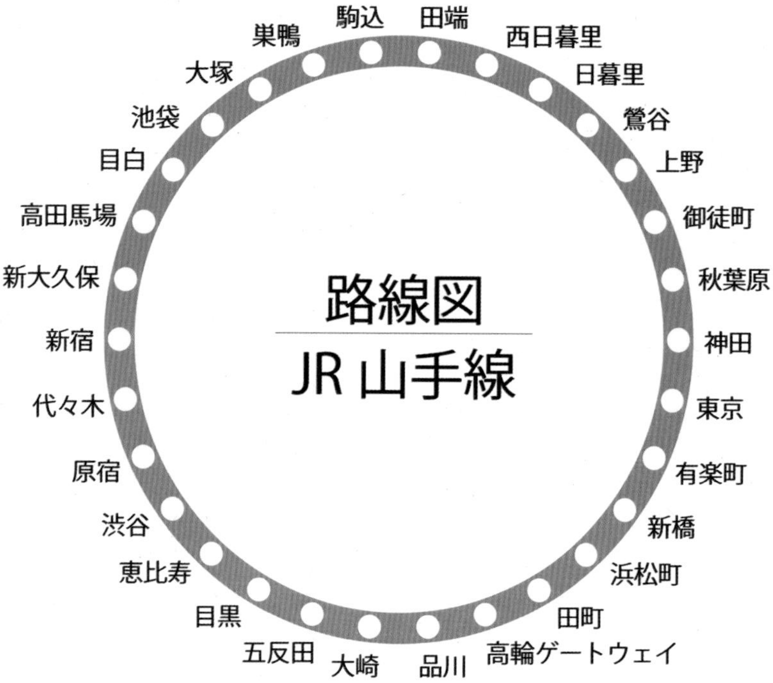

5 調べてみましょう

1 自分の国の駅と日本の駅にはどんな注意事項がありますか。いくつかの例を挙げてみましょう。

	あなたの国	日本
①		
②		

2 あなたは新宿駅にいます。行きたい場所にどうやって行けるか、調べてみましょう。インターネットサイトで「乗り換え案内」を検索してサイトを探してみましょう。

出発	到着	かかる時間	乗り換え
新宿	渋谷		○　×
新宿	東京		○　×
新宿	浅草		○　×

6 都市部と地方の自動車事情

日本と言えばトヨタ、日産など、自動車のイメージがあるだろう。自動車は、日本国内では交通手段としてどれほど定着しているのだろうか。

車と生活の関わりは、大都市部と地方では全く異なっている。大都市部は土地に余裕がなく、駐車しにくいという物理的な問題がある。日本では、新車を買うときに「車庫証明」という、駐車場を確保してあることの証明書が必要で、自宅に駐車スペースがない場合は駐車場を別に借りなければならない。会社では社員用に駐車場が用意されない場合が多く、自動車通勤となれば、通勤先でも駐車場を借りることになる。高い駐車料金のために、自動車より公共交通機関を通勤手段に選ぶ人が多いのだ。2010年代からは車を所有せずに複数人で借りながら使用するカーシェアリングの利用率も急増している。一方で、地方は過疎化の影響で電車やバスの路線が廃線になるところが多く、車は依然として通勤や家族の送迎、買い物など、暮らしになくてはならない交通手段である。

도시와 지방의 자동차 사정

일본이라고 하면, 도요타, 닛산 등 자동차의 이미지가 있을 것이다. 자동차는 일본국내에서는 교통수단으로서 얼마나 정착되어 있을까?

차와 생활의 관련은 대도시와 지방이 전혀 다르다. 대도시는 토지에 여유가 없고 주차하기 어렵다는 물리적인 문제가 있다. 일본에서는 새 차를 살 때에 '차고증명'이라는 주차장을 확보하고 있다는 증명서가 필요하고, 자택에 주차 스페이스가 없는 경우에는 주차장을 따로 빌려야 한다. 회사에는 사원용으로 주차장이 준비되어 있지 않은 경우가 많고, 자동차로 통근을 하면 근무처에서도 주차장을 빌리게 된다. 비싼 주차요금 때문에 자동차보다 공공 교통기관을 통근수단으로 선택하는 사람이 많다. 2010년대부터는 차를 소유하지 않고 여러 명이 함께 빌려 이용하는 카 셰어링의 이용률도 급증하였다. 한편, 지방은 (인구)과소화의 영향으로 전철이나 버스 노선이 폐선되는 곳이 많아, 차는 여전히 통근이나 가족 송영, 쇼핑 등 삶에 없어서는 안 되는 교통수단이다.

15

温泉

1. 日本の温泉
2. 温泉の利用方法
3. キーワードで見る日本文化
4. 話してみましょう
5. 調べてみましょう
6. 旅館

1 日本の温泉

日本には3038か所ほどの温泉地があり(2016, 日本環境庁調べ)、全国各地を巡りながら温泉旅行を楽しむ人も多いです。温泉と呼ぶためには、温度が25度以上であるか、規定の成分が一定量含まれていなければいけません。温泉の成分は、皮膚に吸収されて皮下組織や血管に作用して健康に良い効能が期待されています。それだけでなく、疲労回復やストレス解消にも効果があると言われています。

日本の温泉旅館では前日の夜に入った男湯が翌朝には女湯に替わるというように、男湯と女湯を時間帯によって交換するサービスを行っている温泉が多くあります。お風呂から見える景色や互いのお風呂の設備が違うことが多いので、男女が公平に雰囲気を変えて入浴できるようにするため、このようなサービスが行われているようです。

一方で、温泉街には温泉を利用した共同浴場が多数存在し、宿泊施設がついていない公衆浴場をいくつか回る「外湯めぐり」を楽しむ旅行客もいます。

일본 온천

일본에는 3038개 정도의 온천지가 있어(2016, 일본환경청 조사) 전국각지를 돌며 온천여행을 즐기는 사람도 많습니다. 온천이라고 부르기 위해서는 온도가 25도 이상이거나 규정 성분이 일정량 이상 포함되어 있어야 합니다. 온천 성분은 피부로 흡수되어 피하조직이나 혈관에 작용하여 건강에 좋은 효능이 기대됩니다. 그뿐만 아니라 피로회복이나 스트레스 해소에도 효과가 있다고 합니다.

일본의 온천여관에는 전날 밤에 들어간 남탕이 다음 날 아침에는 여탕으로 바뀌는 식으로, 남탕과 여탕을 시간대에 따라 교환하는 서비스를 시행하는 온천이 많이 있습니다. 탕에서 보이는 풍경이나 탕 설비가 서로 다른 경우가 많기 때문에 남녀가 공평하게 분위기를 바꿔 입욕할 수 있도록 하기 위해 이러한 서비스를 실시하고 있는 것 같습니다.

한편 온천마을에는 온천을 이용한 공동목욕탕이 다수 존재하여 숙박시설이 없는 공중목욕탕을 여러 군데 돌아다니는 '외부 탕 돌기'를 즐기는 여행객도 있습니다.

2 温泉の利用方法

　温泉に入るときには、様々な注意事項があります。入浴前に1杯の水を飲んでからお風呂に浸かるのが良いです。お風呂に入るだけでコップ1杯ほどの汗が出るので、脱水症状を防ぐためです。長時間お湯に浸かるのは体に負担がかかる可能性があるため、初めは1回あたり3～10分ほど、慣れてきたら15～20分ほどが良いそうです。また、温泉の成分が肌に残るように、温泉に浸かった後、体はシャワーで流さないのが良いそうです。

　温泉は入浴だけでなく、景色を楽しむこともできます。温泉の周辺には火山活動に伴ってできた、観光客が見て楽しむ熱水泉などがあり、別府地獄めぐりなどで景観が知られている温泉地もあります。また、温泉に含まれる成分が沈殿したものを「湯の花」と呼びますが、一般に入浴剤などとして採取・販売されています。さらに食品加工などへの利用例として、高温の源泉につけて卵をゆでる温泉卵も有名です。

온천 이용 방법

온천에 들어갈 때에는 다양한 주의사항이 있습니다. 입욕 전에 한 컵의 물을 마시고 나서 탕에 담그는 것이 좋습니다. 탕에 들어가기만 해도 컵 한 잔 정도의 땀이 나오기 때문에 탈수증상을 막기 위함입니다. 장시간 뜨거운 물에 담그는 것은 몸에 부담이 될 가능성이 있기 때문에 처음에는 1회당 3~10분 정도로 하고 익숙해지면 15~20분 정도가 좋다고 합니다. 또한 온천성분이 피부에 남도록 온천에 몸을 담근 뒤에는 몸을 샤워물로 씻지 않는 것이 좋다고 합니다.

온천은 입욕뿐만이 아니라 경치를 즐기는 것도 가능합니다. 온천 주변에는 화산 활동에 의해 생긴, 관광객이 보고 즐기는 열수천(熱水泉) 등이 있고, 벳부온천 지옥순례 등 경관이 잘 알려진 온천지역도 있습니다. 또한 온천에 포함된 성분이 침전된 것을 '湯の花'라고 부르는데, 일반적으로 입욕제 등으로 채취·판매되고 있습니다. 그리고 식품가공 등의 이용 예로서 고온의 원천에 담가 달걀을 삶는 온천계란도 유명합니다.

3 キーワードで見る日本文化

● 次の写真に当てはまることばを下から選んで書きましょう。

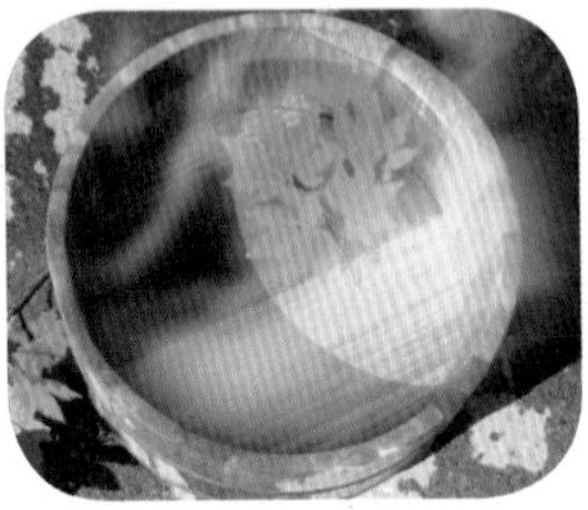

お湯　脱衣場　タオル

せっけん　ふろおけ　旅館の和室

浴衣　温泉卵　露天風呂

4 話(はな)してみましょう

1 あなたの国(くに)には温泉(おんせん)がありますか。あるとしたらどんな温泉(おんせん)ですか。

2 日本(にほん)で温泉旅行(おんせんりょこう)をするとしたら、どんな基準(きじゅん)で選(えら)びますか。

(例(れい)：料理(りょうり)、お湯(ゆ)の質(しつ)、露天風呂(ろてんぶろ)、部屋(へや)の快適(かいてき)さ、家(いえ)から温泉(おんせん)までの距離(きょり)など)

	あなたの考え	クラスメートの考え
①		
②		

5 調べてみましょう

● インターネットサイトで日本の「温泉ランキング」を調べて、地図に印をつけましょう。

サイト名（　　　　　　　　）

ランキング	地域	温泉の名前	特徴
1位			
2位			
3位			

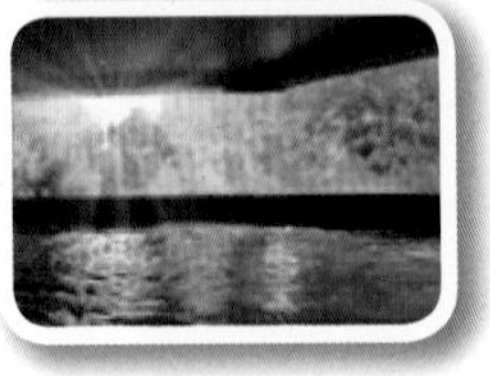

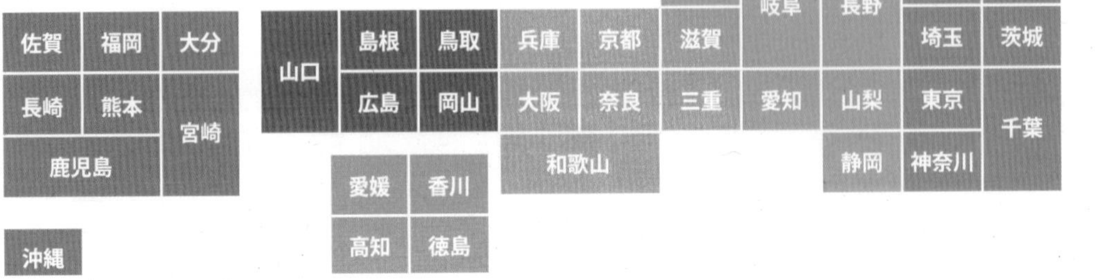

6 旅館

一つのものや事柄を表す言葉が国によって異なるニュアンスで理解されている、ということは少なくない。例えば、共同住宅を意味するアパート(apart(ment))という言葉には、韓国では豪華なイメージがあるが、反対に日本では質素なイメージがある。また「旅館」に対するイメージは韓国と日本では逆で、ホテルよりかなり格が下がる安宿という韓国でのイメージは、日本ではない。むしろ、日本の旅館は和室や露天風呂など、和式の造りや設備をそなえた和の美しさを感じさせてくれる癒しの空間として、非常に大切なものとして捉えられている。「日本の旅館と言えば温泉と懐石料理」という言葉のとおり、ほとんどの旅館には露天風呂や室内備え付けの風呂という形で温泉があり、その地方の食材をふんだんに使った郷土料理をふるまうことを売りにしている旅館も多い。日本人は温泉やグルメを目的に旅館を訪ねるといっても決して言い過ぎではないのである。

여관

하나의 사물이나 사항을 나타내는 말이 나라에 따라 다른 뉘앙스로 이해되는 것은 적지 않다. 예를 들면, 공동 주택을 의미하는 アパート(아파트, apart(ment))라는 말에는 한국에서는 호화로운 이미지가 있지만, 반대로 일본에서는 검소한 이미지가 있다. 또한 '旅館'(여관)에 대한 이미지는 한국과 일본은 반대로, 호텔보다 훨씬 격하된 싸구려 여인숙이라는 한국에서의 이미지는 일본에는 없다. 오히려 일본 旅館은 일본식 방이나 노천탕 등 일본식 구조나 설비를 갖춘 和의 아름다움을 느끼게 해 주는 치유의 공간으로서 매우 소중하게 여겨지고 있다. '일본 旅館이라고 하면 온천과 가이세키 요리'라는 말대로 대부분의 旅館에는 노천탕이나 실내에 붙어 있는 욕탕과 같은 형태로 온천이 있고, 그 지방의 식재료를 풍부하게 사용한 향토요리를 대접하는 것을 세일즈 포인트로 하는 여관도 많다. 일본인은 온천이나 グルメ(식도락)를 목적으로 여관을 방문한다고 해도 결코 과언이 아니다.

16

地域

1. 四つの主な島からなる日本
2. 1都1道2府43県
3. キーワードで見る日本文化
4. 話してみましょう
5. 調べてみましょう
6. 日本での東西南北

1 四つの主な島からなる日本

日本の領土は約6850の島からできています。本州、北海道、九州、四国のような主要な島(面積順に提示)を中心に南には伊豆・小笠原諸島、南西には沖縄島を中心とする南西諸島からできています。北海道と本州、本州と四国など、主要な島同士は、橋やトンネルで繋がっています。

日本の地域の分け方はいろいろありますが、一般的には８つの地域に分けられます。四つの島のうち最も大きい本州は東北地方、関東地方、中部地方、近畿地方、中国地方に分かれています。 首都である東京は関東地方、主要都市である大阪は近畿地方、名古屋は中部地方に位置しています。

次に大きい北海道は島全体が北海道地方と呼ばれ、札幌や函館などの都市があります。３番目に大きい九州は沖縄県を含む南西諸島を合わせて九州地方と言います。福岡県、長崎県などがあります。４番目に大きい四国は、周辺の島を含め四国地方と言い、徳島県、香川県、愛媛県、高知県があります。

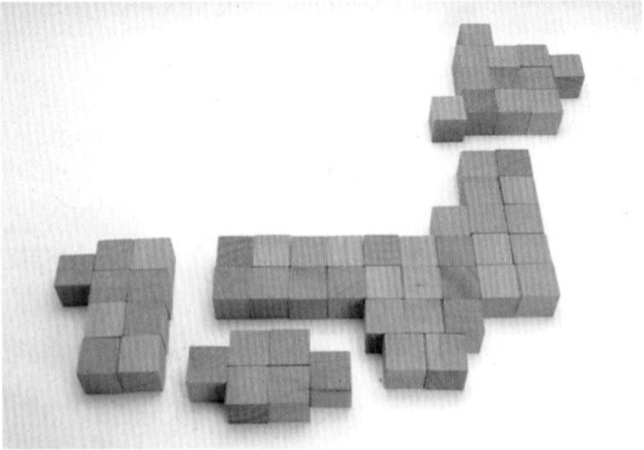

4개의 주요 섬으로 이루어진 일본

일본 영토는 약 6850개의 섬으로 이루어져 있습니다. 本州, 北海道, 九州, 四国와 같은 주요 섬(면적 순으로 제시)을 중심으로 남쪽으로는 伊豆·小笠原諸島, 남서쪽으로는 沖縄島를 중심으로 한 南西諸島로 이루어졌습니다. 北海道와 本州, 本州와 四国 등 주요 섬끼리는 다리와 터널로 연결되어 있습니다.

일본 지역의 구분방식은 여러 가지가 있는데, 일반적으로 8개 지역으로 나뉩니다. 4개의 섬 중 가장 큰 本州는 東北地方, 関東地方, 中部地方, 近畿地方, 中国地方로 분류됩니다. 수도인 東京는 関東地方, 주요도시인 大阪는 近畿地方, 名古屋는 中部地方에 위치하고 있습니다.

다음으로 큰 北海道는 섬 전체가 北海道地方라고 불리며, 札幌와 函館 등의 도시가 있습니다. 세 번째로 큰 九州는 沖縄県을 포함한 南西諸島를 합쳐서 九州地方이라고 합니다. 福岡県, 長崎県 등이 있습니다. 네 번째로 큰 四国는 주변의 섬을 포함하여 四国지방이라고 하고, 徳島県, 香川県, 愛媛県, 高知県이 있습니다.

2 1都1道2府43県

日本の行政区域のことを47都道府県と言います。都は東京「都」、道は北海「道」、府は京都／大阪「府」を表しています。これに43の県を合わせて「1都1道2府43県」ともいいます。各島と都道府県の内訳は、北海道は一つ、本州には1都2府31県があります。四国は昔から四つの地域があったために四国と呼ばれ、現在では四つの県が配置されています。九州・沖縄には8県がありますが、九州はかつては九つの地域に分かれていたため、九州と呼ばれるようになりました。

東京都の場合は、さらに23の区とそれ以外の市町村に分かれます。例えば、世界で最も高い自立式電波塔の東京スカイツリーは東京都墨田区押上にありますが、23区内にあるので東京都の次に「区」が続きます。また、アニメーション美術館として有名な三鷹の森ジブリ美術館は東京都三鷹市下連雀にありますが、23区外にあるため東京都の次に「市」がつきます。また、東京23区は電話番号が03で始まりますが、そのほかの地域はほとんどの場合03を使いません。

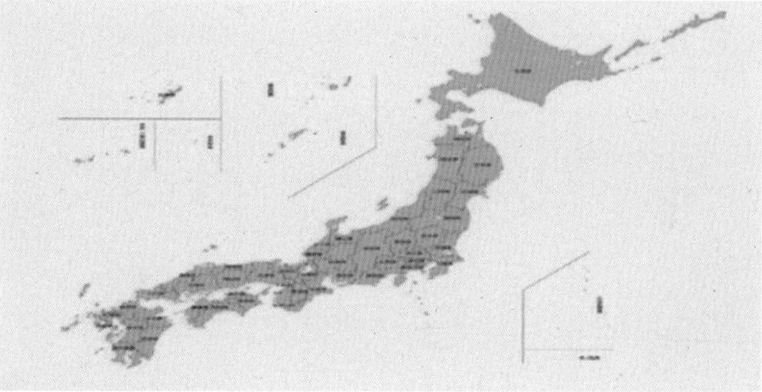

1都1道2府43県

일본 행정구역을 47都道府県이라고 합니다. 都는 東京 '都', 道는 北海 '道', 府는 京都／大阪 '府'를 나타냅니다. 이것에 43개 県을 합쳐 '1都1道2府43県'이라고도 합니다. 각 섬과 都道府県의 내역은 北海道는 하나, 本州에는 1都 2府 31県이 있습니다. 四国는 예로부터 4개의 지역이 있어서 四国라고 불리고, 현재는 4개의 県이 배치되어 있습니다. 九州・沖縄에는 8개의 県이 있는데, 九州는 전에는 9개의 지역으로 나누어져 있었기 때문에 九州라고 불리게 되었습니다.

東京都의 경우는 다시 23구(区)와 그 이외의 市町村으로 분류됩니다. 예를 들면, 세계에서 가장 높은 자립식 전파탑인 東京スカイツリー는 東京都墨田区押上에 있는데, 23区 안에 있어서 東京都 다음에 区가 이어집니다. 또한 애니메이션 미술관으로 유명한 三鷹の森ジブリ美術館은 東京都三鷹市下連雀에 있는데, 23区 밖에 있기 때문에 東京都 다음에 市가 붙습니다. 또한 東京 23区는 전화번호가 03으로 시작되는데, 그 외 지역은 대부분의 경우 03을 사용하지 않습니다.

3 キーワードで見る日本文化

● 各地域の名前とそれに続く行政区域名を線で結んでください。

東京 •	
大阪 •	• 都
京都 •	• 道
北海道 •	• 府
広島 •	• 県
福岡 •	

4 話してみましょう

- もし将来日本で暮らすことになったら、どこの地域に住みたいですか。地域の名前を書き、その 理由を話しましょう。

例：札幌、東京、京都、大阪、広島、福岡、沖縄など

	あなたの考え	クラスメートの考え
地域名		
理由		

5 調べてみましょう

1 インターネットサイトで 日本の大学の住所を調べてみましょう。

地方名	大学の名前	住所

2 東京23区の読み方を調べてみましょう。

6 日本での東西南北

「日本は東西(＝横)に長い国」というイメージを持っている人は意外に多いのではないだろうか。もしかすると、「関東」や「関西」といった、日本の特定地域を指すことばがそうしたイメージに影響しているのかもしれない。ところが、日本では「南北(＝縦)に長い」というのが普通で、実際沖縄から北海道までの直線距離を測ってみると、南北のほうが東西より少し長いようだ(ただし、太平洋側の小さな離島までを含めると、東西のほうが若干長い)。南北に長いことから地域によって様々な気候があり、たとえば桜の開花や梅雨の到来を教えてくれる桜前線や梅雨前線が沖縄から北海道へ移動することを「北上する」と表現する。ちなみに「関東」や「関西」ということばは、徴税や検問のために設置された「関所」の東側ないし西側にある地域という意味で使われたのが始まりである。かつて関西の中心地は「畿内」とも呼ばれ、今の関西地方は「近畿地方」とも言うが、これは「畿内に近い」という意味からきている。

일본에서의 동서남북

'일본은 동서(옆)로 긴 나라'라는 이미지를 가지고 있는 사람이 의외로 많지 않을까? 어쩌면 '関東'나 '関西'와 같은 일본 특정지역을 가리키는 말이 그러한 이미지에 영향을 주고 있을지도 모른다. 하지만 일본에서는 '남북(=세로)으로 길다'라는 것이 일반적으로, 실제 오키나와에서 홋카이도까지의 직선거리를 재 보면 남북 쪽이 동서보다 조금 더 길다고 한다(단, 태평양측의 작은 낙도까지를 포함하면 동서 쪽이 약간 길다). 남북으로 길기 때문에 지역에 따라 다양한 기후가 있으며, 벚꽃의 개화나 매화의 도래를 가르쳐주는 벚꽃 전선이나 장마 전선이 오키나와에서 홋카이도로 이동하는 것을 '북상한다'라고 표현한다. 참고로 '関東'나 '関西'라는 단어는 세금 징수나 검문을 위해 설치된 '관문'의 동쪽 내지 서쪽에 있는 지역의 의미로 사용된 것이 시작이다. 옛날에 '関西'의 중심부는 '畿内'라고도 불려 지금의 関西地方는 '近畿地方'라고 부르나, 이는 '畿内에 가깝다'라는 의미에서 유래되었다.

17

日本の世界遺産

1. 最初に登録された日本の世界遺産
2. 古都京都の文化財
3. キーワードで見る日本文化
4. 話してみましょう
5. 調べてみましょう
6. 文化遺産としての富士山

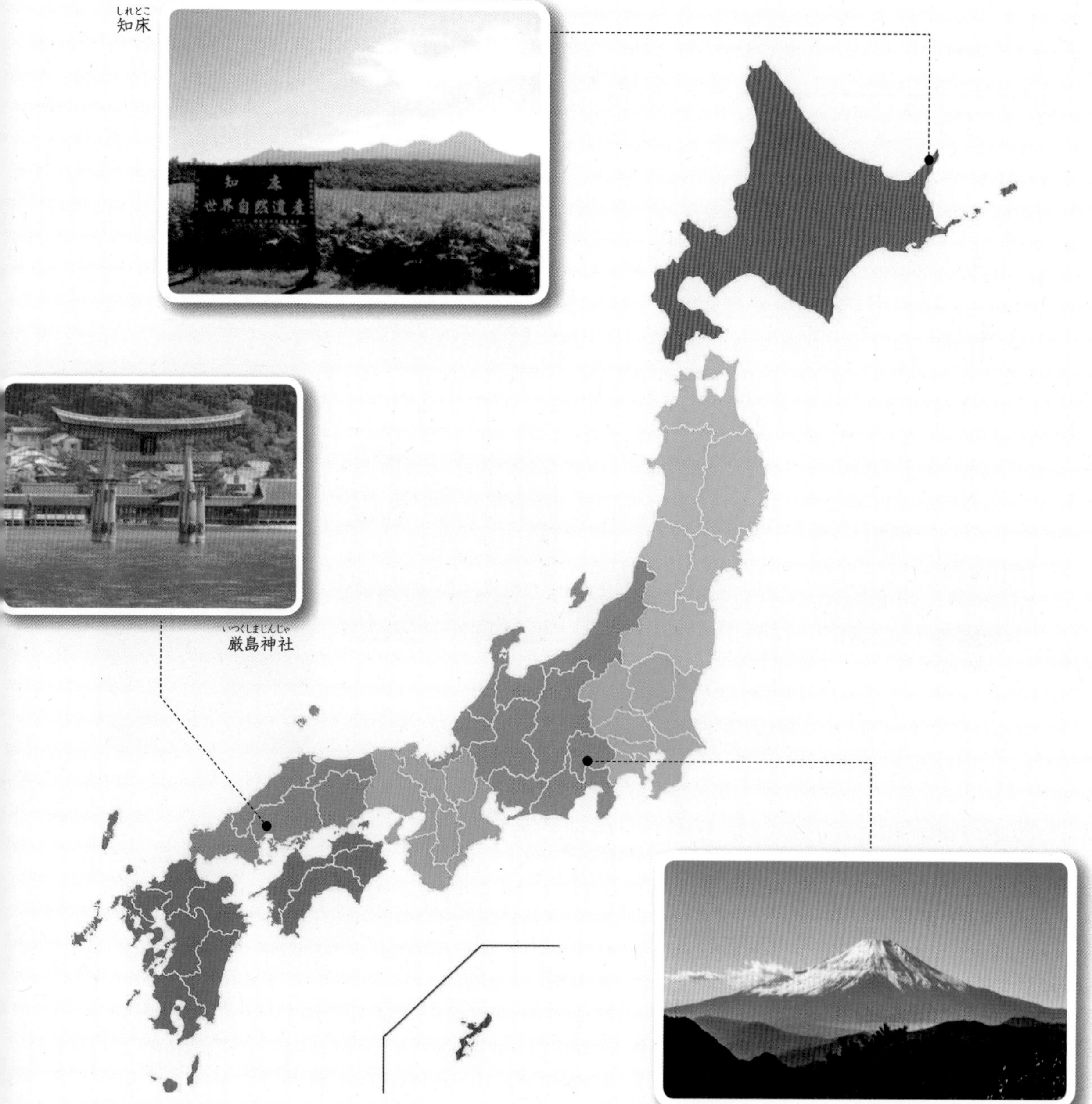
知床（しれとこ）
知床
世界自然遺産
厳島神社（いつくしまじんじゃ）
富士山（ふじさん）

1 最初に登録された日本の世界遺産

ユネスコ世界遺産は、1972年にユネスコ定期総会で採択された「世界文化遺産および自然遺産の保護協約」によって選定されます。日本では1993年12月に文化遺産と自然遺産が初めて登録されました。文化遺産では奈良県にある法隆寺の仏教建築物、兵庫県にある姫路城が選ばれ、自然遺産では鹿児島県にある屋久島と、青森県から秋田県にまたがる白神山地が選定されました。法隆寺の仏教建築物は7世紀に創建され、1400年の歴史があり、現存する世界最古の木造建築として知られています。姫路城は17世紀初め(1609年)に建てられ、日本独自の城郭建築技術が最高潮に達した時期に完成した城であると言われ、1951年に国宝にも指定されています。屋久島は樹齢数千年の屋久杉をはじめ、豊かな生態系と美しい自然景観で有名です。島の約20%が世界遺産として登録されています。白神山地はブナの天然林が広がり多種多様な動植物が生息しています。

法隆寺

姫路城

屋久島

白神山地

처음으로 등록된 일본 세계유산

유네스코 세계유산은 1972년에 유네스코 정기총회에서 채택된 '세계 문화유산 및 자연유산의 보호 협약'에 따라 선정됩니다. 일본에서는 1993년 12월에 문화유산과 자연유산이 처음으로 등록되었습니다. 문화유산으로는 나라현에 있는 法隆寺의 불교건축물, 효고현에 있는 姫路城가 선정되었고, 자연유산으로는 가고시마현에 있는 屋久島와 아오모리현에서 아키타현에 걸쳐 있는 白神산지가 선정되었습니다. 法隆寺의 불교건축물은 7세기에 창건되어 1400년의 역사가 있어 현존하는 세계최고의 목조건축으로 알려져 있습니다. 姫路城는 17세기 초(1609년)에 세워져 일본의 독자적인 성곽 건축 기술이 최고조에 달했던 시기에 완성된 성이라고 하며 1951년에 국보로도 지정되었습니다. 屋久島는 수령 수천 년의 屋久삼나무를 비롯하여 풍부한 생태계와 아름다운 자연경관으로 유명합니다. 섬의 약 20%가 세계유산으로 등록되어 있습니다. 白神산지는 너도밤나무의 천연림이 펼쳐져 있어 다종다양한 동식물이 서식하고 있습니다.

2 古都京都の文化財

「古都京都の文化財」は1994年に登録され、17か所の寺院、神社、城で構成されています。中でも、金閣寺、銀閣寺、清水寺、竜安寺などは、日本では修学旅行地としても人気です。

特に金閣寺は有名ですが、金閣寺というのは通称で、正式な名前は鹿苑寺です。3階建ての建築で、金箔は2階と3階部分に貼られ、ぜいたくに作られています。鎌倉時代の1224年に建てられた後、1397年室町幕府3代将軍足利義満が譲り受けました。改築を経て別荘として使われていましたが、義満の死後に寺になりました。義満の法号である鹿苑院殿から2字を取って鹿苑寺という名前が付けられました。1950年7月に金閣寺放火事件が起こり、1955年に創建当時の姿に復元されました。

銀閣寺は正式名称を東山慈照寺といい、江戸時代に金閣寺に対して銀閣寺と呼ばれるようになったといいます。室町幕府8代将軍の足利義政によって造営され、義政の死後に寺院になりました。義政の法号である慈照院を称える意味で慈照寺と名づけられました。

金閣寺

銀閣寺

옛 도읍 교토의 문화재

'옛 도읍 교토의 문화재'는 1994년에 등록되어 17곳의 사원, 신사, 성으로 구성되어 있습니다. 그 중에서도 金閣寺, 銀閣寺, 清水寺, 竜安寺 등은 일본에서는 수학여행지로도 인기가 있습니다.

특히 金閣寺가 유명한데 金閣寺라는 것은 통칭으로, 정식 명칭은 鹿苑寺입니다. 3층 건물로 금박은 2층과 3층 부분에 붙여져 호화롭게 만들어졌습니다. 鎌倉시대인 1224년에 세워진 후, 1397년 室町막부 3대 장군 足利義満가 물려받았습니다. 개축을 거쳐 별장으로 사용되었는데 義満의 사후에 절이 되었습니다. 義満의 법호인 鹿苑院殿에서 두 글자를 따서 鹿苑寺라는 이름이 붙여졌습니다. 1950년 7월에 금각사 방화사건이 일어나 1955년에 창건 당시의 모습으로 복원되었습니다.

銀閣寺는 정식명칭을 東山慈照寺라고 하며, 江戸시대 때 金閣寺와의 구별을 위해 銀閣寺로 불리게 되었다고 합니다. 室町막부 8대장군인 足利義政에 의해 지어져, 義政의 사후에 사원이 되었습니다. 義政의 법호인 慈照院을 기리는 의미에서 慈照寺라는 이름이 붙여졌습니다.

3 キーワードで見る日本文化

● ユネスコ世界遺産を種類別(文化遺産、自然遺産)にグループ分けしてください。

厳島神社	原爆ドーム	日光の社寺	知床
富士山	小笠原諸島	法隆寺	姫路城

4 話(はな)してみましょう

● 日本旅行(にほんりょこう)に行(い)くときのプランを立(た)てましょう。ぜひ行(い)ってみたい場所(ばしょ)や季節(きせつ)、メンバーを書(か)き、その理由(りゆう)を話(はな)し合(あ)いましょう。

	あなたの考え	クラスメートの考え
場所とその理由		
季節		
メンバー (ツアー／友人(ゆうじん)／家族(かぞく)／一人旅(ひとりたび))		

5 調べてみましょう

- 世界遺産として登録されている自分の国の文化遺産を一つ調べ、それと似ている日本の文化遺産を比較してみましょう。

清水寺

竜安寺

종묘

경복궁

6 文化遺産としての富士山

2013年6月、富士山がユネスコの「世界文化遺産」に選ばれ、登録された。しかし、山である富士山が、「世界自然遺産」ではなく、どうして「世界文化遺産」になったのであろうか。

今では人々にこよなく愛されている富士山だが、火山である富士山は歴史上幾度となく噴火を繰り返しており、昔から人々に「神の宿る神聖な山」という畏敬の気持ちを持たれていた。そして、まるで白衣をまとったような富士山の美しくて雄大な姿は、人々の美意識や芸術に計り知れないほどの影響を与えてきた。こういった宗教的側面や文化的意義が高く評価され、富士山が「富士山－信仰の対象と芸術の源泉」という名称で「世界文化遺産」に選ばれたのだ。

興味深いことに、当初は「世界自然遺産」としての登録を目指していたそうだ。ところが、ゴミによる自然環境の悪化や乱開発などの理由から「世界文化遺産」登録を目指す方針に舵を切ったと言われている。

문화유산으로서의 후지산

2013년 6월, 후지산이 유네스코의 '세계문화유산'으로 선정되어 등록되었다. 그런데 산인 후지산이 세계자연유산이 아니라 어째서 세계문화유산이 되었을까?

지금은 사람들에게 각별히 사랑받는 후지산이지만, 화산인 후지산은 역사상 수도 없이 분화를 반복하고 있고, 옛날부터 사람들은 '신이 머무는 신성한 산'이라는 경외의 마음을 가지고 있었다. 그리고 마치 백의를 두른 듯한 후지산의 아름답고 웅대한 모습은 사람들의 미의식이나 예술에 헤아릴 수 없을 정도의 영향을 주었다. 이러한 종교적 측면이나 문화적 의미가 높게 평가되어, 후지산이 '후지산–신앙의 대상과 예술의 원천'이라는 명칭으로 '세계문화유산'으로 선정된 것이다.

흥미롭게도 당초에는 '세계자연유산'으로의 등록을 목표로 하였다고 한다. 하지만 쓰레기에 의한 자연환경의 악화나 난개발 등의 이유에서 '세계문화유산' 등록을 지향하는 방침으로 선회하였다고 한다.

V. 学校生活

18

小学校生活

1. 日本の小学校
2. ランドセルの起源と発展
3. キーワードで見る日本文化
4. 話してみましょう
5. 調べてみましょう
6. 運動会

1 日本の小学校

日本の子供たちは満6歳の年になると小学校に入学します。小学校は6年制で、義務教育です。日本の学校は4月から新しい学年が始まるため、入学式は桜の咲く時期に行われるところが多いです。1学期は4月から7月中旬まで続き、その後、8月末まで40日間ほど夏休みとなります。2学期は9月から12月まであり、年末年始の約2週間が冬休みです。その後、1月から3月まで学期が続き(地域によってはこの期間を3学期としています)、3月末に春休みが10日間ほどあります。

「日本の小学生」と聞いて思い浮かぶのは、背負い型のかばんである「ランドセル」ではないでしょうか。日本の小学校では、ランドセルのほか、体操着や手提げ袋、授業で使う文房具などを学校側で細かく規定します。また、家から学校が遠くない限りは親が送り迎えをせず、同じ地区に住んでいる上級生と下級生が一緒に集団登校や集団下校をすることも日本の小学生の特色のひとつでしょう。

일본 초등학교

일본 어린이들은 만 6세의 나이가 되면 초등학교에 입학합니다. 초등학교는 6년제이고, 의무교육입니다. 일본 학교는 4월부터 새로운 학년이 시작되기 때문에 입학식은 벚꽃이 피는 시기에 거행되는 곳이 많습니다. 1학기는 4월부터 7월 중순까지 계속되고 그 후 8월까지 40일간 정도 여름방학이 됩니다. 2학기는 9월부터 12월까지이고 연말연시의 약 2주간이 겨울방학입니다. 그 후 1월부터 3월까지 학기가 계속되고(지역에 따라서는 이 시기를 3학기로 합니다), 3월 말에 봄방학이 10일간 정도 있습니다.

'일본의 초등학생'이란 말을 들으면 떠오르는 것은 등에 짊어지는 형태의 가방인 '란도셀'이 아닐까요? 일본 초등학교에서는 란도셀 외에 체육복이나 보조가방, 수업에서 사용하는 문방구 등을 학교측에서 세세한 부분까지 규정합니다. 또한 집에서 학교가 멀지 않으면 부모님이 배웅과 마중을 나가지 않고, 같은 지구에 사는 고학년 학생과 저학년 학생이 함께 집단 등교나 집단 하교를 하는 것도 일본 초등학교의 특색 중 하나일 것입니다.

2 ランドセルの起源と発展

「ランドセル」の語源はオランダ語の"ransel"(背負うタイプのかばん)で、小学校の通学かばんとしては明治時代に取り入れられました。当時は富裕層の子供だけが持っていて、一般の子供たちは風呂敷などを使っていましたが、戦後、高度経済成長期に入り全国的に普及しました。

一般的に、ランドセルは1年生の入学時に家族に用意してもらったものを6年間使い続けます。最近では価格が年々上がっており平均３万円前後、中には10万円を超えるものもあります。また、色はこれまで「男の子は黒、女の子は赤」が一般的でしたが、最近では水色や紫色など、個性的な色のランドセルが登場しています。

ランドセルは革で作られているため一般のかばんよりは重く、子供の成長に良くないという意見もあります。また、高額化によって生まれうる格差について批判する人もいます。しかしながら、ランドセルは小学生に必要不可欠なものとして今も根強い人気を保っています。

折り紙で作ったランドセル〔종이접기로 만든 란도셀〕

란도셀의 기원과 발전

'란도셀'의 어원은 네델란드어 'ransel'(등에 짊어지는 형태의 가방)이고, 초등학교의 통학 가방으로 메이지 시대에 도입되었습니다. 당시에는 부유층 어린이만이 가지고 있어 일반 어린이들은 보자기 등을 사용했지만, 전후 고도 경제성장기에 들어와 전국적으로 보급되었습니다.

일반적으로 란도셀은 1학년 입학 때 가족이 준비해 준 것을 6년간 계속해서 사용합니다. 최근에는 가격이 매년 올라 평균 3만 엔 전후, 그 중에는 10만 엔을 넘는 것도 있습니다. 또한 색깔은 지금까지 '남자 아이는 검정, 여자 아니는 빨강'이 일반적이었으나, 최근에는 엷은 청색이나 보라색 등 개성적인 색깔의 란도셀이 등장하고 있습니다.

란도셀은 가죽으로 만들어졌기 때문에 일반 가방보다는 무거워서 어린이 성장에 좋지 않다는 의견도 있습니다. 또한 고액화로 인해 발생할 수 있는 격차에 대해 비판하는 사람도 있습니다. 하지만 란도셀은 초등학생에게 꼭 필요한 것으로서 지금도 뿌리깊은 인기를 유지하고 있습니다.

3 キーワードで見る日本文化

● 次の写真に当てはまることばを下から選んで書きましょう。

えんぴつ　日直　時間割　集団登校　～年～組　体操着　上履き　手提げかばん　給食

4 話してみましょう

1 小学校では、子供たちがかばんや体操服などを自由に選べた方がいいと思いますか。それとも、ランドセルのように同じ形のかばんを持ったり、学校に指定された体操服を着たりした方がいいと思いますか。

2 日本の小学校について学んでみて、「とても日本らしい」と感じた点は何ですか。その理由は何ですか。

5 調べてみましょう

日本やほかの国の小学校のことをさまざまな観点から調べて、あなたの国の小学校との共通点・相違点を見つけましょう。

	あなたの国	日本／ほかの国
何年間通う？		
給食がある？		
宿題が多い？		
運動会がある？		
親は学校にどのくらい関わっている？		

6 運動会

運動会は、一年の学年行事の中でも一、二を争うほど大きい行事だ。元は会社や地域などで、親睦を深めるために始まったが、学校行事として定着したのは明治30年代(1897年〜1906年)と言われている。10月に「体育の日」という祝日があるように、運動会はかつては秋の風物詩だったが、練習中や本番での熱中症の予防や２学期の行事が過密になるのを避けるため、現在では５、６月に行われることも多い。本番の１か月ほど前から、学年ごとに行われるダンスなどの出し物、行進や応援などの練習を続け、予行演習を経て本番当日を迎える。また、韓国では「青組」と「白組」に分かれるのが一般的だが、日本の場合は「赤組」と「白組」に分かれる。それぞれの組には希望者で作られた応援団がいて、応援団長を中心に行われる応援合戦も運動会のハイライトの一つだ。このように、運動会は運動を通じて親睦を深めるための行事であると同時に、団体競技や演技を披露する場でもある。

운동회

운동회는 1년간의 학년 행사 중에서도 1, 2위를 다툴 정도로 큰 행사이다. 원래는 회사나 지역 등에서 친목을 다지기 위해 시작되었지만, 학교행사로서 정착된 것은 메이지 30년대(1897년~1906년)라고 한다. 10월에 '체육의 날'이라는 경축일이 있는 것처럼 운동회는 일찍이 가을 볼거리였는데, 연습 중이나 본 행사에서의 열사병 예방과 2학기 행사가 빽빽해지는 것을 피하기 위해 현재는 5, 6월에 시행되는 경우도 많다. 본 행사 1개월 정도 전부터 학년마다 시행되는 댄스 등의 공연, 행진이나 응원 등의 연습을 계속하여 예행연습을 거쳐 본 행사 당일을 맞이한다. 또한 한국에서는 '청팀' '백팀'으로 나누는 것이 일반적이지만, 일본의 경우는 '적팀' '백팀'으로 나눈다. 각각의 팀에는 희망자로 구성된 응원단이 있고, 응원단장을 중심으로 이루어지는 응원전도 운동회의 하이라이트 중의 하나이다. 이와 같이 운동회는 운동을 통해서 친목을 다지기 위한 행사임과 동시에 단체경기나 연기를 선보이는 장이기도 하다.

19

中学(ちゅうがく)・高校(こうこう)生活(せいかつ)

1. 中高生(ちゅうこうせい)の一日(いちにち)
2. 中高生(ちゅうこうせい)の放課後(ほうかご)
3. キーワードで見(み)る日本文化(にほんぶんか)
4. 話(はな)してみましょう
5. 調(しら)べてみましょう
6. 高校球児(こうこうきゅうじ)のあこがれ、甲子園(こうしえん)

1 中高生の一日

日本の中学生や高校生は、どのような一日を過ごしているのでしょうか。まず、登校時間は８時過ぎで、小学校のときとあまり変わりません。クラスの伝達事項や先生の話を聞く「ホームルーム」の時間が済んでから９時ごろに午前の授業が始まります。ほとんどの公立中学校では給食がありますが、高校では実施されていない学校の方が多く、お弁当を持って来たり、学校内の売店で買ったりして昼食を済ませます。授業は一般的に６時間目までで、高校になると７時間目まである場合もありますが、遅くとも４時半ごろまでには終わります。放課後は、「部活」と呼ばれるクラブ活動をする生徒もいれば、勉強をするために塾に通う生徒もいます。学校で補習授業が行われることがありますが、あまり多くはなく、放課後の過ごし方は自由です。例えば、部活に力を入れるなら、平日の登校時間前と放課後を練習の時間に充てて、夕食をとってから夜に塾に通うという過ごし方をします。

중고등학생의 하루

일본 중학생과 고등학생은 어떤 하루를 보내고 있을까요? 먼저 등교시간은 8시 지날 무렵으로 초등학교 때와 그다지 다르지 않습니다. 교실 전달사항이나 선생님의 이야기를 듣는 아침조회 시간이 끝나고 나서 9시쯤에 오전 수업이 시작됩니다. 대부분의 공립중학교에서는 급식이 있지만, 고등학교에서는 실시되지 않는 학교가 더 많고 도시락을 가져오거나 학교 안의 매점에서 사거나 해서 점심을 해결합니다. 수업은 일반적으로 6교시까지로 고등학교는 7교시까지 있는 경우도 있는데, 늦어도 4시 반쯤까지는 끝납니다. 방과 후에는 '部活'(동아리 활동)라고 불리는 동아리 활동을 하는 학생도 있는가 하면, 공부를 하기 위해 학원에 다니는 학생도 있습니다. 학교에서 보충수업이 실시되는 경우도 있지만, 그다지 많지는 않으며, 방과 후를 보내는 방식은 자유롭습니다. 예를 들어 동아리 활동에 공을 들인다면, 평일 등교 시간 전과 방과 후를 연습시간으로 할당하고, 저녁을 먹고 나서 밤에 학원에 다니는 식입니다.

2 中高生の放課後

日本の多くの中高生は、放課後、塾に通います。塾は、学校で習ったことの復習を中心に行う「補習塾」と、受験のための発展的な内容を勉強する「進学塾」の２種類があります。進学塾の中でも、「予備校」は、高校生や高校卒業生が大学入試のために通う塾のことを言います。そのため、私的な学習機関に通うことを、中学生は「塾に行く」、高校生は「予備校に行く」と表現します。

また、日本の中学校や高校は放課後の部活(部活動)が盛んなことでも有名です。運動部なら野球やバスケットボールなどの球技、文化系ならオーケストラなどの音楽の活動が代表的です。社会人を対象に「部活で得られたものは何だと思うか」を調査した結果、「友人・仲間」「基本的な生活習慣」「思いやり」との答えが多かったそうです。多感な中学・高校時代に勉強以外のことに打ち込み、部活のメンバーと一緒に一つの目標に向かって努力するという経験は、多くの人に好意的に受け止められています。

중고등학생의 방과 후

일본의 많은 중고등학생은 방과 후에 塾(학원)에 다닙니다. 학원은 학교에서 배운 것에 대한 복습을 중심으로 이루어지는 '보충학원'과 입시를 위한 발전적인 내용을 공부하는 '진학학원'의 두 종류가 있습니다. 진학 학원 중에서도 '予備校'(입시학원)는 고등학생이나 고등학교 졸업생이 대학 입시를 위해 다니는 학원을 말합니다. 따라서 사설 학습 기관에 다니는 것을 중학생은 '塾に行く'(학원에 간다), 고등학생은 '予備校に行く'(입시학원에 간다)로 표현합니다.

또한 일본 중학교나 고등학교는 방과 후의 동아리 활동이 활발한 것으로도 유명합니다. 운동부라면 야구나 배구 등의 구기, 문화계라면 오케스트라 등의 음악 활동이 대표적입니다. 사회인을 대상으로 '동아리 활동에서 얻은 것은 무엇이라고 생각하는가'를 조사한 결과, '친구·동료' '기본적인 생활습관' '배려'라는 답이 많았다고 합니다. 감수성이 풍부한 중학교·고등학교 시절에 공부 이외의 것에 열중하고, 동아리 부원과 함께 하나의 목표를 향해서 노력하는 경험은 많은 사람에게 호의적으로 받아들여지고 있습니다.

3 キーワードで見る日本文化

● 次の写真に当てはまることばを下から選んで書きましょう。

部活動(部活)　生徒手帳　塾

修学旅行　制服　体育祭

文化祭　校則　通学

4 話してみましょう

1 中学、高校時代に部活動に打ち込むことについて賛成ですか、反対ですか。理由も話しましょう。

2 次のグラフは、各国の高校生が「学校は好きですか」という質問に答えたものです。結果について、国同士の比較をしたり、自分の国の結果についての意見を話したりしましょう。

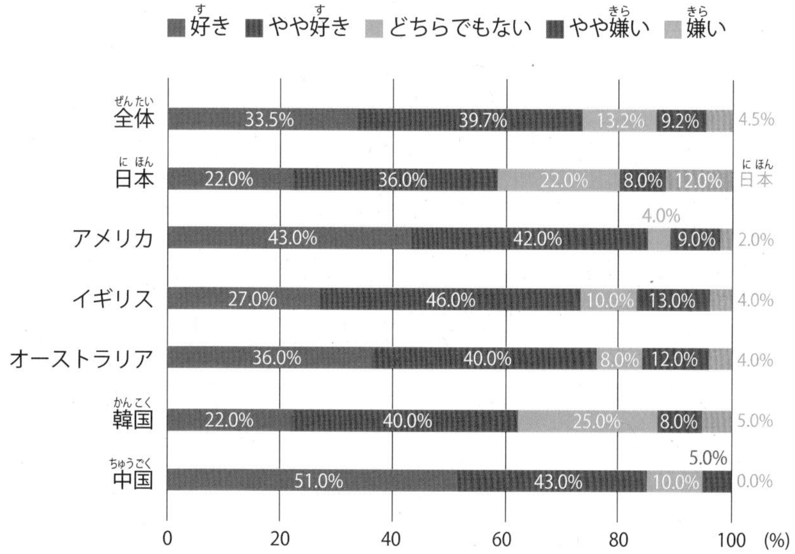

菅公学生服株式会社 カンコーホームルーム「学校は好きか」2016年より引用
http://kanko-gakuseifuku.co.jp/

5 調べてみましょう

次の写真は日本で人気の修学旅行地です。どこにあるか、何ができるか、調べてみましょう。このほかにも、人気の修学旅行先とそこの有名なものを調べてみましょう。

① 奈良公園

② 東京スカイツリー

③ 琉球村

④

6 高校球児のあこがれ、甲子園

日本では、3月と8月に高校野球の全国大会が開かれる。特に8月の大会は規模が大きく、試合が行われる野球場の名前から「夏の甲子園」とも呼ばれている。夏の大会は、地方予選を勝ち抜いた代表校が出場し、トーナメント方式で優勝を争う。毎年のように出場する、全国の有望な選手を集めた私立の強豪校がある一方で、一般の公立高校の野球部が地方大会を勝ち上がってくる場合もあり、そのような学校同士が対戦するのも見どころのひとつだ。

高校野球には、日本一を決めるスポーツの大会という意味以上に国民の関心が向けられていて、その人気は全試合がテレビ中継されるほどである。なぜそんなにも人々の心を引きつけるのか？ それは、自分の出身地の選手たちの活躍を見て郷土愛が刺激されたり、ひたむきに努力する「高校球児」(甲子園を目指す選手のこと)たちの姿を見て、子供たちは高校生らしさに憧れ、大人たちは高校時代を懐かしむからではないだろうか。

고시엔 출전을 목표로 하는 선수의 동경, '甲子園'

일본에서는 3월과 8월에 고교야구 전국대회가 열린다. 특히 8월 대회는 규모가 커 시합이 열리는 야구장 이름을 따서 '夏の甲子園'(여름 고시엔)이라고도 불린다. 여름 대회는 지방 예선을 통과한 대표 학교가 출전하여 토너먼트 방식으로 우승을 다툰다. 거의 매년 출전하는 전국의 유망 선수를 모아놓은 사립 강호 학교가 있는 한편, 일반 공립고등학교 야구부가 지방 대회를 통과해 출전한 경우도 있어 그러한 학교끼리 대전하는 것도 볼거리 중 하나이다.

고교야구에는 일본의 최고를 정하는 스포츠 대회라는 의미 이상으로 국민의 관심이 쏠려, 그 인기는 전 시합이 텔레비전 중계될 정도이다. 왜 그렇게도 사람들의 마음을 끌어당길까? 그것은 자신의 출신지 선수들의 활약을 보고 향토애가 자극되거나 한결같이 노력하는 '高校球児'(고시엔 출전을 목표로 하는 선수)들의 모습을 보고, 어린이들은 고등학생다움을 동경하고, 어른들은 고교시절을 그리워하기 때문이 아닐까?

20

受験

1. さまざまな受験コース
2. 験担ぎ
3. キーワードで見る日本文化
4. 話してみましょう
5. 調べてみましょう
6. お受験

169
とすると、
P⊂Q が成り立つ。
よって、命題は真である。
(2) x<2 を満たす x 全体の集合を P,
x<−2 を満たす x 全体の集合を Q
とすると、
P⊂Q は成り立
よって、命題は偽であ
170 (1) x=−√2 は x²=2
さない。

1 さまざまな受験コース

日本の学生たちは、公立校に通うか、私立校に通うかによって異なる受験をすることになります。公立校の中学生の場合は、自分の学力にあった高校に進学するために高校受験をしなければなりません。一方、私立校の場合は、小学校や中学校に入るにも受験をする必要があります。私立校の中では、中学から高校への内部進学制度を設けているところも多く、高校受験のストレスを受けずにのびのびと学校生活が楽しめるという理由から、私立中学受験の人気が高まっています。

受験における自分の学力は、模擬試験の結果から出される「偏差値」で確認することができます。偏差値とは、平均点と自分の点数がどれほど離れているかを表す「標準偏差」をもとに算出された数値のことで、平均点に最も近い場合は「偏差値50」と表します。各学校のレベルも偏差値で示されます。例えば、偏差値55の人は、それより少し上の偏差値60あたりの学校を目標にするなど、受験する際の目安にします。

다양한 입시코스

일본의 학생들은 공립학교에 다니는가 사립학교에 다니는가에 따라 다른 입시를 치르게 됩니다. 공립학교에 다니는 중학생의 경우는 자신의 학력에 맞는 고등학교에 진학하기 위해서 고등학교 입시를 치러야 합니다. 한편 사립학교의 경우는 초등학교나 중학교에 들어가는 데에도 입시를 거칠 필요가 있습니다. 사립학교 중에서는 중학교에서 고등학교로의 내부 진학제도를 두는 곳도 많아, 고등학교 입시의 스트레스를 받지 않고 마음 편하게 학교생활을 즐길 수 있다는 이유에서 사립중학교 입시의 인기가 높아지고 있습니다.

입시에서 자신의 학력은 모의 시험 결과에서 나오는 '偏差値'(편차치)로 확인할 수 있습니다. 편차치란 평균점과 자신의 점수가 어느 정도 떨어져 있는가를 나타내는 '표준편차'를 근거로 산출된 수치를 말하며, 평균점에 가장 가까운 경우는 '편차치 50'이라고 나타냅니다. 각 학교의 수준도 편차치로 제시됩니다. 예를 들면 편차치 55인 사람은 그보다 조금 더 위인 편차치 60 언저리의 학교를 목표로 하는 등 입시 때의 기준으로 삼습니다.

2 験担ぎ

受験シーズンには、受験がうまくいくようにと運がよくなるような行動をとったり、合格祈願グッズを買ったりします。こういったことを「験担ぎ」あるいは「験を担ぐ」といいます。

例えば、受験前にはトンカツを食べると良いと言われています。これは、トンカツの「カツ」が動詞「勝つ」の発音と同じことから、「受験で勝つ」という意味を持っていると考えるからです。また、お菓子メーカーでは受験シーズンに合わせ、様々な受験生応援パッケージを期間限定で販売していて、受験を応援する家族や友人、後輩が受験生本人にプレゼントしたりします。そのほか、学業の神様を祀った神社では、合格鉛筆などのグッズが売られていて、受験のシーズンになると行列を作ることもあります。

一方、受験生に対してしてはいけないとされている言動もいくつかあります。例えば、スキーは「滑る」、バンジージャンプは「落ちる」というイメージを連想させやすいので、そのような話は受験生の前ではしないことになっています。

通常版

(受験応援版) ※2019年度版パッケージ

길흉을 따지는 것

입시시즌에는 입시에서 좋은 결과가 있기를 바라며 운이 좋아지는 행동을 하거나 합격기원 상품을 사거나 합니다. 이러한 것을 '験担ぎ' (길흉 따지기) 혹은 '験を担ぐ' (길흉을 따지다) 라고 합니다.

예를 들면, 입시 전에는 トンカツ를 먹으면 좋다고 합니다. 이는 トンカツ의 'カツ'가 동사 '勝つ'(이기다)의 발음과 똑같다는 점에서 '입시에서 이기다'라는 의미를 갖는다고 여기기 때문입니다. 또한 제과회사에서는 입시시즌에 맞춰 다양한 수험생 응원 패키지를 기간 한정으로 판매하고 있어, 입시를 응원하는 가족이나 친구, 후배가 수험생 본인에게 선물하거나 합니다. 그 외에 학업의 신을 모시는 신사에서는 합격 연필 등의 상품이 판매되어 입시 시즌이 되면 긴 행렬을 만드는 경우도 있습니다.

한편 수험생에 대해 해서는 안 되는 언동도 몇 가지 있습니다. 예를 들면 스키는 '미끄러진다', 번지 점프는 '떨어진다'라는 이미지를 연상시키기 쉬우므로 그와 같은 이야기는 수험생 앞에서는 하지 않습니다.

3 キーワードで見る日本文化

次の写真に当てはまることばを下から選んで書きましょう。

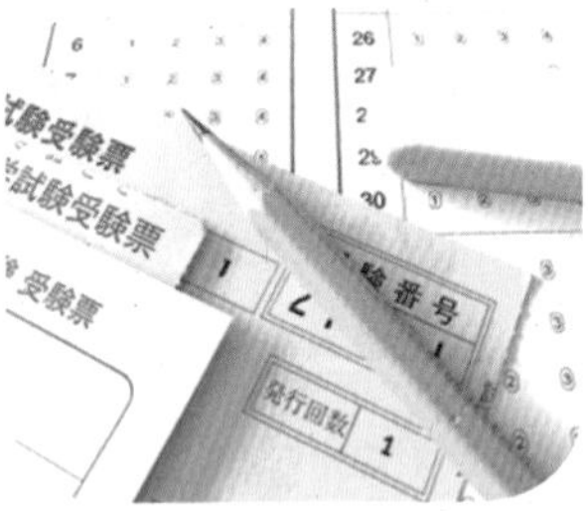

予備校

合格する（受かる）/不合格になる（落ちる）

受験票

偏差値

願掛けする

合格発表

参考書

公立

私立

4 話してみましょう

1 中高一貫教育(中学・高校の６年間同じ学校に通うこと)について、どのような長所と短所があるでしょうか。話してみましょう。

2 大学は、入学試験を難しくして卒業の基準は比較的易しくした方がいいでしょうか、それとも、入学試験は易しくして卒業の基準は厳しくした方がいいでしょうか。話してみましょう。

5 調べてみましょう

● 験担ぎにはどのようなものがあるか、調べてみましょう。
日本だけのもの、あなたの国だけのもの、共通のものを見つけましょう。

ジャンル	日本	あなたの国
もの・商品		
ことば		
行動		

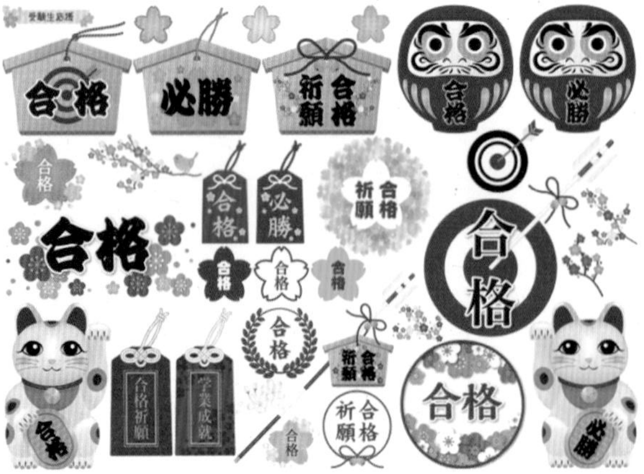

6 お受験

中学、高校、大学の入試のことを「受験」というのに対して、私立小学校を受験することを「お受験」と言う。なぜ、小学校受験だけ「お」をつけて丁寧語にするのだろうか。

小学校受験は、まだ自律的に受験の準備を進めることができない幼い年齢で受験することになるため、試験を受ける本人だけでなく、両親も一緒に合格に向けて努力をすることになる。受験までの準備段階はもちろん、試験当日も、ほとんどの学校で両親にも面接が課される。また、小学校受験は、伝統のある私立校や、有名大学の付属小学校を中心に行われることがほとんどで、受験生の親世代や祖父母世代から同じ学校に通ってきたという家庭や、教育に熱心な一部の家庭が取り組むもの、というイメージがある。

このように、子供本人だけではなく親にとっての受験でもあることと、特別な学校への特別な受験であるという認識が相まって、「お」受験、と呼ばれるようになったと考えられる。

초등학교 입시

중학교, 고등학교, 대학교 입시를 '受験'이라고 하는데 비해, 사립 초등학교 입시를 치르는 것을 'お受験'이라고 한다. 어째서 초등학교 수험만 'お'를 붙여 정중어로 만드는 것일까?

초등학교 입시는 아직 자율적인 수험 준비가 여의치 않은 어린 나이에 시험을 치르게 되므로 시험을 보는 본인뿐만 아니라 부모도 함께 합격을 위해 노력하게 된다. 입시까지의 준비 단계는 물론, 시험 당일도 대부분의 학교에서 부모도 면접을 치러야 한다. 또한 초등학교 입시는 전통 있는 사립학교나 유명 대학교의 부속 초등학교를 중심으로 시행되는 것이 거의 대부분으로, 수험생의 부모 세대나 조부모 세대부터 같은 학교에 다니고 있는 가정이나 교육에 열성적인 일부 가정이 준비하는 것이라는 이미지가 있다.

이와 같이 어린이 본인만이 아니라 부모에게 있어서도 입시라는 점과 특별한 학교를 대상으로 한 특별한 입시라는 인식이 합쳐져 'お'受験으로 불리게 되었다고 생각된다.

21

大学生活（だいがくせいかつ）

1. 大学（だいがく）の意義（いぎ）
2. 大学生用語（だいがくせいようご）
3. キーワードで見（み）る日本文化（にほんぶんか）
4. 話（はな）してみましょう
5. 調（しら）べてみましょう
6. 就活（しゅうかつ）

1 大学の意義

日本の大学は学部や学科ごとに単位の規定があり、決められた数・種類の単位を取得することで卒業することができます。大学生になると、勉強に対する姿勢が中学や高校のときとは変わってきます。授業に真剣に取り組まなければいけないのは同じですが、成績だけのために勉強したり、評点を気にしたりする学生はあまり多くありません。その理由としては、日本の会社では大学生を採用する際、学生の成績を重視する傾向があまりないということが挙げられます。もちろん、勉強することは学生の本分ですから、大学時代に関心のある学問分野の知識を思う存分深めていくという学生もいます。しかし、多くの大学生にとって大学時代は、所属大学を自分の基点として、サークルやアルバイト、ボランティア活動、資格取得、旅行、ときには会社の立ち上げなど、自由な時間を最大限に利用しながら、社会に出る前に様々な経験を積んでおく期間と捉えられているようです。

대학의 의미

일본의 대학은 학부나 학과마다 학점 규정이 있어 정해진 수·종류의 학점을 취득함으로써 졸업을 할 수 있습니다. 대학생이 되면, 공부에 대한 자세가 중학교나 고등학교 때와는 달라집니다. 수업에 진지하게 임해야 하는 것은 같지만, 성적만을 위해 공부하거나 평점에 신경쓰거나 하는 학생은 별로 없습니다. 그 이유로는 일본의 회사에서는 대학생을 채용할 때 학생의 성적을 중시하는 경향이 그다지 없다는 것을 들 수 있습니다. 물론 공부하는 것은 학생의 본분이기 때문에 대학시절에 관심 있는 학문분야의 지식을 마음껏 심화시켜 가는 학생도 있습니다. 하지만 많은 대학생들에게 대학시절은 소속대학을 자신의 기점으로 삼아 동아리나 아르바이트, 봉사활동, 자격취득, 여행, 때로는 회사 설립 등 자유 시간을 최대한으로 이용하면서 사회로 나가기 전에 다양한 경험을 쌓아두는 기간으로 인식되고 있는 것 같습니다.

2 大学生用語

大学は一つの小さな社会ですから、そこだけで使われる大学生用語があります。1年生のことを関西地方では1回生と呼ぶなどの地域による違いや、時代による違いなどもありますが、ここでは、一般的によく使われることばをいくつか紹介しましょう。

学業に関する表現では、例えば、「シラバスを見て履修登録をする」「二外の単位を落としてしまった」などと言います。前者は、講義計画書を読んで受講の登録をすること、後者は、第二外国語の授業でF判定になったことを表しています。そのほかに少人数で行う発表中心の授業である「ゼミ(ゼミナールの略)」などは、よく使われることばです。

学業以外の場面では、「新歓」「インカレ」「内部生」「学祭」「一男」「二女」などの略語がよく使われます。これらはそれぞれ、「新入生歓迎会」「複数大学の学生から構成される(intercollege)サークル」「付属高校から進学してきた学生」「大学祭」「一年生男子」「二年生女子」という意味です。

대학생 용어

대학은 하나의 작은 사회이기 때문에 그곳에서만 사용되는 대학생 용어가 있습니다. 1학년 학생을 간사이지방에서는 '1回生'라고 부르는 등 지역에 따른 차이나 시대에 따른 차이 등도 있지만, 여기서는 일반적으로 자주 사용되는 말을 몇 가지 소개하겠습니다.

학업에 관한 표현으로는 예를 들면 '강의 요목을 보고 이수과목 등록을 한다.' '제2외국어 학점을 따지 못했어.' 등으로 말합니다. 전자는 강의계획서를 읽고 수강 등록을 하는 것, 후자는 제2외국어 수업에서 F판정이 난 것을 나타냅니다. 그 외에 소수 인원으로 진행되는 발표 중심 수업인 'ゼミ' (ゼミナール: 세미나의 약자) 등은 자주 사용되는 말입니다.

학업 이외의 장면에서는 '新歓' 'インカレ' '内部生' '学祭' '一男' '二女' 등의 생략어를 자주 사용합니다. 이들은 각각 '신입생 환영회' '복수대학의 학생으로 구성된 (intercollege)동아리' '부속고등학교에서 진학한 학생' '대학축제' '1학년 남자' '2학년 여자'라는 의미입니다.

3 キーワードで見る日本文化

次の写真に当てはまることばを下から選んで書きましょう。

単位　学生寮　交換留学

就職活動　アルバイト　講義室

サークル　ゼミ　大学生協

4 話してみましょう

1 あなたは、大学生である期間は、何のための時間だと考えますか。あなたの意見を話しましょう。

2 大学のグローバル化が進むにつれて、外国語での講義を増やしたり、留学生数を増やしたりする大学が多くなっています。一方で、「各国の大学では、その国の言葉や文化をもっと重視するべきだ。大学を無理に国際化する必要はない」という意見の人がいます。あなたはどちらの意見に賛成ですか。

東大赤門

5 調べてみましょう

- 日本の大学や大学生活に関わる、様々な費用について調べてみましょう。自分の国についても調べましょう。

		日本	あなたの国
一学期の授業料	国立		
	私立		
学食の 値段	国立		
	私立		
アルバイトの時給	コンビニ		
	レストラン		
	家庭教師		
勉強にかかる費用	コピー代		

6 就活

学年が上がるにつれて卒業後の進路を真剣に悩むようになるのは、どの国の大学生も同じだろう。日本では、企業で働くことを目標にする場合、3年生ごろから就活(就職活動)を意識し始める。企業のインターンシップに参加したり、興味のある会社に勤めている同じ大学出身の先輩を訪問する「OB/OG(old boy／old girl)訪問」をしたりして、会社や業界について調べる。就職活動中は男女とも紺色のスーツを着ることが多く、「就活スーツ」あるいは「リクルートスーツ」と呼ばれている。そして、3年生の終わりから4年生の始めごろにかけて、就職活動用の履歴書である「エントリーシート」を希望の企業に提出する。採用の選考に合格して、その企業からの雇用が約束された通知のことを「内定」と呼び、これが就職活動のゴールとなる。4年生の間に内定をもらうことができれば、翌年3月の卒業を経て、4月には「新卒社員」(大学卒業後、すぐに入社する社員のこと)として晴れて入社することができる。

취직 활동

학년이 올라감에 따라 졸업 후의 진로를 진지하게 고민하게 되는 것은 어느 나라의 대학생도 마찬가지일 것이다. 일본에서는 기업에서 일하는 것을 목표로 할 경우, 3학년 즈음부터 就活(취직 활동)를 의식하기 시작한다. 기업의 인턴십에 참가하거나 흥미 있는 회사에 근무하는 같은 대학 출신의 선배를 방문하는 'OB/OG(old boy／old girl)방문'을 하거나 해서 회사나 업계에 대해서 조사한다. 취직 활동 중에는 남녀 모두 감색 정장을 입는 경우가 많아 '就活スーツ'(취직 활동 정장) 혹은 'リクルートスーツ' (recruit+suit, 입사 시험용 슈트)로 불린다. 그리고 3학년 끝 무렵부터 4학년 시작 무렵에 걸쳐 취직 활동용 이력서인 'エントリーシート'(입사 지원서)를 희망하는 기업에 제출한다. 채용 전형에 합격해서 그 기업으로부터 고용이 약속된 통지를 '内定'(내정)라고 부르며, 이것이 취직 활동의 최종 목표가 된다. 4학년 재학 중에 내정을 받을 수 있으면 다음 해 3월 졸업을 거쳐 4월에는 '新卒社員'(대학졸업 후 바로 입사한 사원을 말함)으로서 떳떳이 입사할 수 있다.

Ⅵ. 慣習

22 願いごと		
■さまざまな願いごと	■お守り	■初詣
23 贈答文化		
■贈ることと返すこと	■お返しの金額や品物	■熨斗と水引
24 ことわざ・慣用句		
■日韓ことわざ比較	■ことわざのゆれ	■ことわざと京都
25 季節の行事		
■季節ならではの行事	■夏の風物詩、祭り	■ハロウィン

22

願(ねが)いごと

1. さまざまな願(ねが)いごと
2. お守(まも)り
3. キーワードで見(み)る日本文化(にほんぶんか)
4. 話(はな)してみましょう
5. 調(しら)べてみましょう
6. 初詣(はつもうで)

合格祈願

1 さまざまな願いごと

日本では、願いごとをする様々な風習があります。

まず、夫婦である「織姫」と「彦星」の二人が一年に一度、七月七日に会えると言われている「七夕」です。七夕では、「短冊」という紙や木に願い事を書き、「笹」と呼ばれる竹の枝に飾ると、願いが叶うとされています。

病室などで主に見かける「千羽鶴」も願いを叶えるために作るものです。千羽鶴は患者の回復を祈願するために折り紙で作られた鶴のことをいいます。

また、大事な行事などがあり、雨が降らないでほしい、晴れてほしいと願うときには、その前日に家の軒下に布やティッシュなどで作った人形「てるてる坊主」を飾ります。

神社で祈願する際には、「絵馬」に願い事を書きます。「絵馬」の「馬」というのは、元々馬を奉納していた習慣が由来となっています。生きた馬の代わりに馬の絵を描くことによって、神への奉納を表していると言われています。

短冊と笹

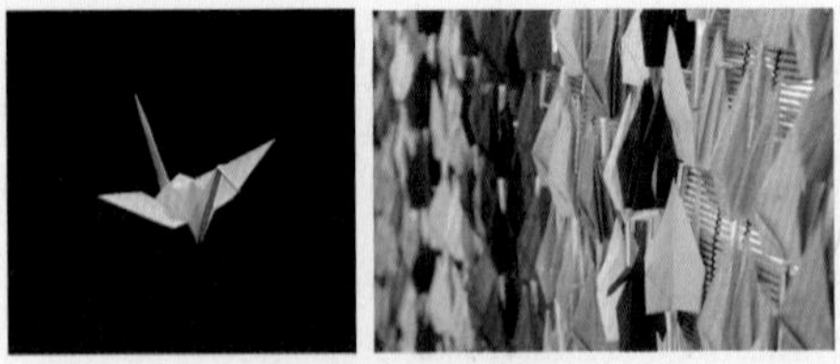

折り鶴と千羽鶴

여러 가지 소원

일본에서는 소원을 비는 다양한 풍습이 있습니다.

우선 부부인 '직녀'와 '견우' 두 사람이 일 년에 한 번, 7월 7일에 만날 수 있다고 하는 '칠석'입니다. 칠석에는 '短冊'라는 종이나 나무에 소원을 써서, '笹'라 불리는 대나무 가지에 장식하면 소원이 이루어진다고 여겨지고 있습니다.

병실 등에서 주로 눈에 띄는 '千羽鶴'(천마리 학)도 소원을 이루기 위해 만드는 것입니다. '千羽鶴'는 환자의 회복을 기원하기 위해 종이접기로 만든 학을 말합니다.

또한 중요한 행사 등이 있어서 비가 오지 않았으면 좋겠다, 맑았으면 좋겠다고 바랄 때에는 그 전날 집 처마 밑에 천이나 티슈 등으로 만든 인형 'てるてる坊主'를 장식합니다.

신사에서 기도하고 빌 때에는 '絵馬'에 소원을 씁니다. '絵馬'의 '馬'라는 것은 본래 말을 봉납했던 습관이 유래가 되었습니다. 살아 있는 말 대신에 말 그림을 그림으로써, 신에게의 봉납을 나타내는 것이라고 합니다.

2 お守り

「お守り」は神仏などによって、自分自身や家族、親しい人々を守ってもらうことを目的として作られたものです。つまり、お守りは神仏の力を分けてもらうものといえます。

お守りには願い事によって、少なくとも10以上の種類があります。「交通安全」「安産祈願」「縁結び祈願」「商売繁盛」「恋愛成就」「出世祈願」「厄除け祈願」「家内安全」などです。高校や大学など入学試験を受ける受験生には「合格祈願」のお守りもあります。

お守りの価格は様々ですが、多くは約500円から1000円ほどが一般的です。祈願が叶ったら、買ったところ、あるいは「古神札納め所」に返納することになっています。

また、お守りの効果の期限は、はっきりとしたものではないのですが、おおよそ一年ほどだといわれています。そのため、一年が過ぎると以前のものを返納し、新しいお守りを購入するとよいということです。

부적

'お守り(부적)'는 신·부처 등이 자기 자신이나 가족, 친한 사람들을 지켜줄 것을 목적으로 만들어진 것입니다. 즉 お守り는 신·부처의 힘을 나눠 받는 것이라고 할 수 있습니다.

お守り에는 소원에 따라 적어도 10가지 이상의 종류가 있습니다. '교통 안전' '순산 기원' '인연 기원' '사업 번성' '연애 성취' '출세 기원' '액땜 기원' '가내 안전' 등입니다. 고등학교나 대학교 등의 입학시험을 보는 수험생에게는 '합격 기원'의 お守り도 있습니다.

お守り의 가격은 다양하지만, 대부분은 약 500엔에서 1000엔 정도가 일반적입니다. 소원이 이루어지면 구매한 곳 혹은 '古神札納め所(헌 신패 봉납소)에 반납하게 되어 있습니다

또한 お守り의 유효 기간은 명확한 것은 없지만, 대략 일년 정도라고 합니다. 그렇기 때문에 일년이 지나면 이전 것을 반납하고, 새로운 お守り를 구입하는 것이 좋다고 합니다.

③ キーワードで見る日本文化

- 次の写真に当てはまることばを下から選んで書きましょう。

短冊　流れ星　祈り

お守り　お賽銭　千羽鶴

てるてる坊主　神社　おみくじ

4 話してみましょう

1 次の中で、今あなたに一番必要な「お守り」は何ですか。

○ 合格祈願　○ 家内安全　○ 交通安全

○ 縁結び祈願　○ 成功成就　○ 厄除け祈願

2 あなたはお守りを買いますか。買う場合(買わない場合)、その理由は何ですか。

5 調べてみましょう

● 願いごとについて、日本・あなたの国の風習が具体的にどのように行われているか調べてみましょう。国によっては、風習がないということもあります。

願いごと	日本	あなたの国
何かの幸福を祈る	初詣、絵馬、お守り、お賽銭、初日の出	
晴れを祈る		
病気の回復を祈る		
自分の希望を祈る		
子供を願う(女の子・男の子)		

6 初詣

12月31日から元旦(一月一日)にかけて、お寺では「除夜の鐘」といって、欲望や怒りなど、人の心を乱す百八つの「煩悩」をなくすために鐘を叩く習慣が見られる。除夜の鐘を聞くと一年が終わるという気持ちになる人も少なくないだろう。

元旦を迎えてから、神社仏閣に参拝することを「初詣」という。日本では神社に行く人もいれば、お寺に行く人もいる。毎年、東京では明治神宮や神田神社、浅草寺などにたくさんの人々が訪れる。初詣では、神仏にお祈りするために賽銭を投げたり、運勢を占う「おみくじ」を引いたりする。

日本では昔、「年籠り」という風習があった。それは、12月31日は眠らずに神社仏閣に籠るというものである。家族に幸福をもたらしてくれる神仏を待ち、来年がいい年になるように祈っていたのである。それが年始のお参りに代わって、「初詣」という習慣が生まれたと言われている。

정월 첫 참배

12월 31일부터 元旦(1월 1일)에 걸쳐 절에서는 '除夜の鐘'(제야의 종)라 하여, 욕망과 분노 등 사람의 마음을 어지럽히는 108가지 '번뇌'를 없애기 위해서 종을 두드리는 습관을 볼 수 있다. 제야의 종을 들으면 한 해가 끝나는 기분이 드는 사람도 적지 않을 것이다. 元旦을 맞이하고 나서, 신사·불각을 참배하는 것을 '初詣'라고 한다. 일본에서는 신사에 가는 사람도 있는가 하면, 절에 가는 사람도 있다. 매년 도쿄에서는 明治神宮(메이지 신궁), 神田神社(간다 신사), 浅草寺(센소지 절) 등에 많은 사람들이 방문한다. 初詣에서는 신·부처에게 기도하기 위해 賽銭(새전)을 던지거나, 운세를 점치는 'おみくじ'(점괘 제비)를 뽑거나 한다.

일본에서는 옛날, '年籠り'라는 풍습이 있었다. 그것은 12월 31일은 자지 않고 신사와 불각에 틀어박혀 있는 것이다. 가족에게 행복을 가져다 주는 신·부처를 기다리며, 내년이 좋은 해가 되도록 기도했던 것이다. 그것이 연초의 참배로 바뀌어서 '初詣'라는 습관이 생겨났다고 한다.

23

贈答文化

1. 贈ることと返すこと
2. お返しの金額や品物
3. キーワードで見る日本文化
4. 話してみましょう
5. 調べてみましょう
6. 熨斗と水引

1 贈ることと返すこと

日本では様々な贈り物があります。例えば、日ごろお世話になっている人々に贈る「お歳暮」「お中元」などがあります。お歳暮は冬の贈り物、お中元は夏の贈り物であり、ビールや果物が贈られることが多いです。さらに、結婚の際に友人、知人が贈る「結婚祝い」、子供が生まれたときには「出産祝い」、生まれて3歳、5歳、7歳の節目に健康を祝う「七五三」のときには「七五三祝い」を贈ります。また、学校の入学時·卒業時には「入学祝い」「卒業祝い」、病気が治った際には「快気祝い」、歳が六十歳を迎えたときには「還暦祝い」などもあります。

贈り物をくれた誰かに対して、感謝の気持ちで返礼する意味で贈り物を購入し、返すことを「お返し」といいます。お返しをする際には、はっきりと「お返し」であることが伝えられないことも多く、お土産という形で贈るということも少なくありません。「お返し」は金額や返すタイミングなどが大切だとも言われています。

お歳暮

熨斗

선물 보내기와 답례하기

일본에는 다양한 선물이 있습니다. 예를 들어 평소 신세를 지고 있는 사람들에게 보내는 'お歳暮'(세밑 선물) 'お中元'(백중 선물) 등이 있습니다. お歳暮는 겨울 선물, お中元은 여름 선물로, 맥주나 과일을 보내는 경우가 많습니다. 나아가 결혼 때 친구, 지인이 주는 '結婚祝い'(결혼 축하), 아이가 태어났을 때에는 '出産祝い'(출산 축하), 태어나서 3살, 5살, 7살 때에 건강을 축하하는 '七五三' 때는 '七五三祝い'(시치고산 축하)를 보냅니다. 또한 학교 입학 때·졸업 때에는 '入学祝い'(입학 축하), '卒業祝い'(졸업 축하), 병이 나았을 때에는 '快気祝い'(쾌유 축하), 나이가 60세를 맞이했을 때에는 '還暦祝い'(환갑 축하) 등도 있습니다.

선물을 준 누군가에게 감사의 마음으로 답례하는 의미로 선물을 구입하여 되갚는 것을 'お返し'(답례)라고 합니다. 답례를 할 때는 분명하게 'お返し'임을 전하지 못할 때도 많고, 여행지에서 사온 선물의 형태로 보내는 일도 적지 않습니다. 'お返し'는 금액이나 되갚는 타이밍 등이 중요하다고 합니다.

2 お返しの金額や品物

「お返し」で難しいのは、もらったものの金額に対し、どれくらいの金額のものを返すのかということです。お返しは「半返し」といって、もらったものの半分の金額にあたるものをお返ししたり、「三分の一返し」といって、三分の一の金額にあたるものをお返しすることが多いですが、地域やお祝いの種類によってもお返しの習慣は異なります。

お返しの代表的なものには、結婚式で招待客が新郎新婦に贈る「結婚祝い」に対して、新郎新婦が招待客に贈る「引き出物」があります。引き出物には、お皿やマグカップといった食器類、スイーツや食品、タオルや入浴剤などの日用品、受け取り手が好きなものを選択できるギフトブック*などがあります。また、お葬式で、参列者が故人への供養や遺族に対して慰労するために贈る「香典」に対する「香典返し」も「お返し」として知られています。香典返しは、喪主からの礼状や食品、日用品が含まれることが多いです。

＊ ギフトブック：様々な商品を掲載したカタログから受け取り手が自分の好きな商品を選択し、申し込むと、商品が送られるというサービス

답례의 금액과 품목

'お返し'(답례)에서 어려운 점은 받은 물건의 금액에 대해, 어느 정도 금액의 물건을 되갚아야 하느냐 하는 것입니다. 답례는 '半返し'라고 하여, 받은 물건의 반의 금액에 해당하는 것을 되갚거나, '三分の一返し' 라고 하여 3분의 1의 금액에 해당하는 것을 되돌려주는 경우가 많지만, 지역이나 축하의 종류에 따라서도 답례의 습관은 다릅니다.

답례의 대표적인 예로는 결혼식에서 초대 손님이 신랑신부에게 보내는 '結婚祝い'에 대해서, 신랑신부가 초대 손님에게 보내는 '引き出物'(결혼식 답례품)가 있습니다. '引き出物'로는 접시나 머그컵과 같은 식기류, 스위트나 식품, 수건이나 입욕제 등의 일용품, 받는 사람이 원하는 것을 선택할 수 있는 기프트북* 등이 있습니다. 또한, 장례식에서 참례한 사람이 고인에게 하는 공양이나 유족에게 위로하기 위해 주는 '香典'(부의)에 대한 '香典返し'(부의 답례)도 お返し로 알려져 있습니다. 香典返し는 상주로부터의 감사 편지나 식품, 일용품이 포함되는 경우가 많습니다.

*기프트북 : 다양한 상품을 게재한 카탈로그에서 수취인 본인이 원하는 상품을 선택하여, 신청하면 상품이 배달되는 서비스

3 キーワードで見る日本文化

次の写真に当てはまることばを下から選んで書きましょう。

出産祝い　七五三祝い　快気祝い

入学祝い　卒業祝い　還暦祝い

結婚祝い　引っ越し祝い　新築祝い

4 話してみましょう

1 次の状況であなたはどのように考えますか。

あなたは日本の友達に、誕生日プレゼントとして、マグカップを送りました。しばらくした後、クッキーのお返しが届きました。その「お返し」についてどう考えますか。

2 日本の「お返し」は感謝の気持ちを伝える大切な習慣である一方、何かをもらったときに「お返し」が必要となる点で贈り物をもらうことを負担に思う人もいます。その点で贈り物をしないなどの選択をする人も出てきています。あなたはどのように考えますか。

5 調べてみましょう

● 日本の次のお祝いの贈答品としてどのような品物が人気があるのか調べてみましょう。

検索キーワード例: 人気　結婚祝い

① 結婚祝い

② 引っ越し祝い(あるいは新築祝い)

③ 出産祝い

④ 入学祝い

6 熨斗と水引

熨斗

日本では贈り物を授受する際、包み紙の上にしばしば、上のような飾りが付けられる。飾りは「熨斗」といい、もともとは、飾りの中に乾燥させたアワビが入っていた。現在は包み紙にマークとして印刷されることも多く、中に入った黄色いものがアワビを表しているという。アワビは「長寿」をもたらす縁起物とされ、お祝いの象徴とされている。

水引(蝶結び)

次に、上の「水引」と呼ばれる横から巻かれた紐は、人と人との結びつきなどを象徴している。水引はその色や結び方に意味があり、上の結び方は「蝶結び」といい、「何度繰り返してもよい」ことを表し、出産、入学や卒業、長寿の祝いなどに使用されている。

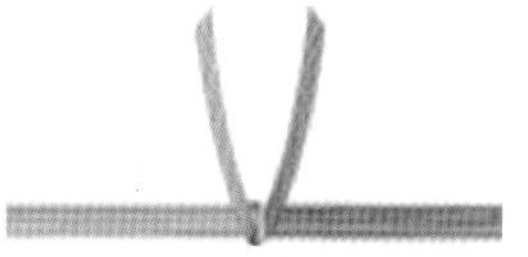

水引(紅白結び切り)

最後に、上の水引の形は「紅白結び切り」と呼ばれている。簡単に切れない上の結び方は、一度だけ起きてほしいということを表している。つまり、「紅白結び切り」は「繰り返さない」ことを象徴し、結婚や快気祝いの際に用いられる。

노시와 미즈히키

일본에서는 선물을 주고받을 때, 포장지 위에 종종 위와 같은 장식이 붙여진다. 장식은 '熨斗'라고 해서, 원래는 포장지 안에 건조시킨 전복이 들어갔다. 현재는 포장지에 마크로 인쇄된 경우도 많고, 안에 들어가 있는 노란 것이 전복을 나타낸다고 한다. 전복은 '장수'를 부르는 재수 좋은 물건으로 여겨졌으며, 축하의 상징으로도 여겨지고 있다.

다음으로 위의 '水引'라 불리는 옆으로 감겨있는 끈은 사람과 사람과의 연결 등을 상징하고 있다. 水引는 그 색이나 묶는 법에 의미가 있으며, 위의 묶는 법은 '蝶結び'(나비 매듭)라고 하여, '여러 번 반복해도 좋다'는 것을 나타내므로 출산, 입학과 졸업, 장수 축하 등에 사용되고 있다.

마지막으로 위의 水引의 모양은 '紅白結び切り'(홍백 매듭)라고 불린다. 쉽게 끊어지지 않는 위의 묶는 법은 한 번만 일어나면 좋다는 것을 나타낸다. 즉 '紅白結び切り'는 '반복하지 않는' 것을 상징하므로, 결혼이나 쾌유 축하 때 이용된다.

24

ことわざ・慣用句

1 日韓ことわざ比較
2 ことわざのゆれ
3 キーワードで見る日本文化
4 話してみましょう
5 調べてみましょう
6 ことわざと京都

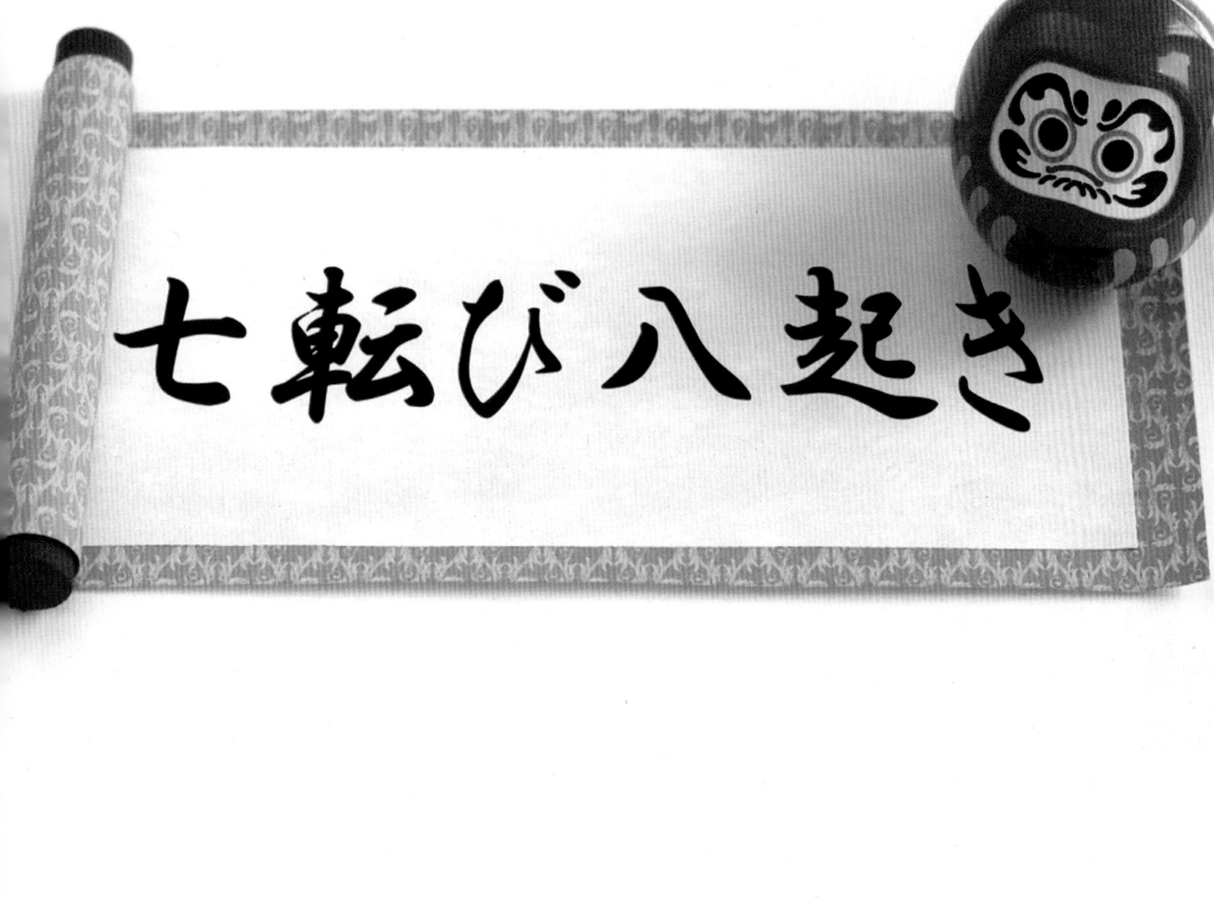
七転び八起き

1 日韓ことわざ比較

「ことわざ」は生活や社会の中で大切だと考えられたことが言い表されたことばで、国によって表現や意味が異なります。日本と韓国でことわざの比較をしてみましょう。

例えば、「同じ表現で同じ意味を持つもの」があります。「猿も木から落ちる」がそれで、「優れた者も失敗することがある」という意味です。

反対に「同じ表現で異なる意味を持つもの」もあります。「八方美人」は日本では「誰からもよく思われようと要領よく行動する人」という否定的な意味で使われますが、韓国では「様々な才能のある人」として肯定的な意味です。

最後に「同じ意味だが、違う表現をするもの」として「花より団子」「嘘つきは泥棒の始まり」などもあります。

「ことわざ」は古くから人々に言いならわされたことば。教訓・諷刺などが入ったことばである。「慣用句」とは二つ以上の語から構成され、句全体の意味が個々の語の元来の意味からは決まらないような慣用的表現。「ことわざ」は文であることが多く、「慣用句」は文よりも短い句が多い。例えば、慣用句は「足が出る」「顔が広い」などがある。

'속담'은 예로부터 사람들에게 늘 회자되었던 말. 교훈·풍자 등이 들어간 말인 '관용구'란 2개 이상의 단어로 구성되어, 구 전체의 의미가 개개의 단어의 원래 의미로는 정해지지 않는 관용적 표현. '속담'은 문장인 경우가 많고, '관용구'는 문장보다도 짧은 구가 많다. 예를 들면 관용구는 '足が出る'(예산을 넘다, 손해보다) '顔が広い'(발이 넓다) 등이 있다.

일한 속담 비교

'ことわざ'(속담)는 생활이나 사회 속에서 중요하다고 생각된 것이 언어로 표현된 말로서, 나라에 따라서 표현이나 의미가 다릅니다. 일본과 한국의 속담을 비교해 봅시다.

예를 들면 '같은 표현에 같은 의미를 지닌 것'이 있습니다. '猿も木から落ちる'(원숭이도 나무에서 떨어진다)가 그것으로, '우수한 사람도 실패하는 경우가 있다'는 뜻입니다.

반대로 '같은 표현에 다른 의미를 지닌 것'도 있습니다. '八方美人'(팔방미인)은 일본에서는 '누구에게나 잘 보이려고 요령을 피우는 사람'이라는 부정적인 의미로 쓰이지만, 한국에서는 '다방면으로 재능이 있는 사람'으로서 긍정적인 의미입니다.

마지막으로 '같은 의미이지만 다르게 표현하는 것'으로서 '花より団子'(금강산도 식후경) '嘘つきは泥棒の始まり'(바늘도둑이 소도둑 된다) 등도 있습니다.

2 ことわざのゆれ

ことわざや慣用句で興味深いのは、本来の意味で使われつつも、新しく変化した意味でも使われるようになったものがあることです。平成22年、文化庁が発表した「国語に関する世論調査」では、一つのことわざや慣用句が二つの意味で使われていることが明らかになっています。

例えば、「情けは人の為ならず」は、「他人に情けをかけることは結局自分に返ってくるから他人を助けよう」という本来の意味に対して、反対の「他人に情けをかけて助けてあげることは、結局はその人のためにならない」という意味で使われることもあります。

また、「役不足」は本来「自分の能力に対して与えられた役割が小さいこと」とされていますが、反対の意味の「ある人の力量に対して役目が重すぎること」という意味で使われることもあります。上の二つの例は、本来の意味ではない意味で使う人の割合が全体のほぼ半数というデータが出ています。

情けは人の為ならず

복수의 의미를 지닌 속담

속담이나 관용구에서 흥미로운 것은 본래의 의미로 사용되면서도, 새롭게 변화된 의미로도 사용된 것이 있다는 점입니다. 헤이세이 22년, 문화청이 발표한 '국어에 관한 여론조사'에서는 하나의 속담이나 관용구가 두 가지 의미로 사용되고 있음이 밝혀졌습니다.

예를 들어 '정(情)은 남을 위한 것이 아니다'는 '남에게 정을 베푸는 것은 결국 자신에게 돌아오기 때문에 남을 돕자'라는 본래의 의미에 대해, 반대로 '남에게 정을 베풀고 도와주는 것은 결국 그 사람에게 도움이 되지 않는다'라는 의미로 사용되는 경우도 있습니다.

또한 '役不足'는 본래 '자신의 능력에 비해 주어진 역할이 작은 것'이라는 의미이지만, 반대의 의미인 '어떤 사람의 역량에 비해 역할이 너무 무거운 것'이라는 의미로 사용되는 경우도 있습니다. 위의 두 가지 예는 본래의 뜻이 아닌 의미로 사용하는 사람의 비율이 전체의 거의 반이라는 데이터가 나와 있습니다.

3 キーワードで見る日本文化

次の写真に当てはまることばを下から選んで書きましょう。

- 猫に鰹節
- 石の上にも三年
- 豚に真珠
- 鬼の目にも涙
- 一石二鳥
- 猿も木から落ちる
- 犬猿の仲
- 猫に小判
- 井の中の蛙大海を知らず

4 話してみましょう

1 次の中で、人生で最も大切だと思うことわざは何ですか。

○ 急がば回れ

○ 案ずるより産むが易し
(心配するよりも、実際にやってみると案外うまくいくということ)

○ 石の上にも三年

○ 蟻の思いも天に届く

2 あなた自身が一つオリジナルのことわざを作ってクラスメートに説明してみましょう。

例：授業中の質問は金(授業中に質問することはとても価値のあること)

5 調べてみましょう

- 日本・あなたの国で、ことわざについて調べて比較してみましょう。
(同じような内容を表す、または反対の意味を表すことわざなど)

日本	あなたの国	比較
嘘つきは泥棒の始まり		
可愛い子には旅をさせよ		
仏の顔も三度まで		
二階から目薬		

6 ことわざと京都

日本のことわざには、かつて日本の首都であった京都に関係すると言われるものも複数ある。

ここでは京都の文化財として世界遺産にも登録されている「清水寺」と、京都市で行われる日本三大祭りの一つとして有名な「祇園祭」についてのことわざを見ていこう。

清水寺に関することわざで有名なものに、思い切って大きな決断をすることを意味する「清水の舞台から飛び降りる」がある。高さ約12mに位置している清水寺の舞台を飛び降りるには勇気がいる、ということから生まれたものだ。

また、祇園祭に関することわざには、しようと思ったときには、すでに時期に間に合わないことを意味する「後の祭り」がある。「後の祭り」とは、京都八坂神社の祇園祭で、二つある祭り(「先の祭り」と「後の祭り」)の後者を表している。先の祭りよりも、にぎやかでなく、見る価値の低いものという意味に由来している。

このように、ことわざは、歴史や地域ごとの特色を知ることができる点も面白い。

清水の舞台

祇園祭の後の祭り

속담과 교토

일본의 속담에는 과거 일본의 수도였던 교토와 관련있는 것으로 알려진 것도 여러 개 있다.

여기서는 교토의 문화재로서 세계유산에도 등록되어 있는 '清水寺'와 교토 시에서 거행되는 일본 3대 축제 중 하나로 유명한 '祇園祭'에 대한 속담을 살펴보자.

清水寺에 관한 속담으로 유명한 것으로, 과감하게 큰 결단을 하는 것을 의미하는 '清水の舞台から飛び降りる'가 있다. 높이 약 12미터에 위치하고 있는 清水寺의 무대에서 뛰어내리는 데는 용기가 필요하다는 것으로부터 생겨난 것이다.

또한 祇園祭에 관한 속담으로는, 하려고 생각했을 때에는 이미 시기가 늦었음을 의미하는 '後の祭り'가 있다. '後の祭り'란 교토 八坂神社의 祇園祭에서 두 개 있는 마츠리(先の祭り와 後の祭り)의 후자를 나타낸다. 先の祭り보다도 사람이 많지 않고, 볼 가치가 적다는 의미에서 유래하고 있다.

이처럼 속담은 역사나 지역별 특색을 알 수 있다는 점도 흥미롭다.

25

季節の行事

1. 季節ならではの行事
2. 夏の風物詩、祭り
3. キーワードで見る日本文化
4. 話してみましょう
5. 調べてみましょう
6. ハロウィン

1 季節ならではの行事

日本では季節によって様々な行事が行われます。

春には、桜の木の下で職場の同僚、友人、家族と飲食をしながら、春の訪れを感じ、楽しむ行事「花見」をする光景が見られます。

また主に夏、七月、八月には全国各地で「花火」「盆踊り」が行われます。花火は、川岸や海岸で行われることが多く、真下から見ることができたり、船に乗って見たりと楽しみ方もいろいろあります。そして、盆踊りは、「お盆」*のころに町内会などで地域の人が一緒に踊るイベントです。盆踊りは、この世に生きる人々と亡くなった祖先たちが現世で繋がるためのものとして始まりましたが、現在は誰でも参加でき、踊りも比較的に覚えやすいものが多いようです。秋には、お供え物をし、満月を見て楽しむ行事「月見」があります。「中秋の名月」と呼ばれる旧暦の8月15日は「十五夜」とも言われ、最も月見を楽しめる日として有名です。

冬にはお正月に、お寺や神社にお参りする「初詣」という行事があります。

＊お盆：旧暦の7月(日本では8月中旬)に先祖を子孫が迎える期間

계절 특유의 행사

일본에서는 계절에 따라 다양한 행사가 거행됩니다.

봄에는 벚나무 아래에서 직장 동료, 친구, 가족과 먹고 마시면서, 봄의 도래를 느끼고 즐기는 행사인 '花見'(꽃구경)를 하는 광경을 볼 수 있습니다.

또한 주로 여름인 7, 8월에는 전국 각지에서 '花火' '盆踊り'가 행해집니다. 花火(불꽃놀이)는 강가나 해안에서 열리는 경우가 많아 바로 아래서 보는 것이 가능하거나, 배를 타고 보기도 하는 등 즐기는 방법도 여러 가지가 있습니다. 그리고 盆踊り(남녀들이 모여서 추는 윤무)는 'お盆' *무렵에, 町内会(주민모임) 등에서 지역 주민이 함께 춤을 추는 이벤트입니다. 盆踊り는 이승에 살고있는 사람들과 돌아가신 조상들이 현세에서 이어지기 위한 것으로서 시작되었는데, 지금은 누구라도 참가할 수 있고, 춤도 비교적 외우기 쉬운 것이 많은 것 같습니다. 가을에는 제물을 차려 놓고 보름달을 보며 즐기는 행사인 '月見'(달 구경)가 있습니다. '중추의 명월'로 불리는 음력 8월 15일은 '十五夜'(십오야)라고도 불리며, 무엇보다 달 구경을 즐길 수 있는 날로 유명합니다. 겨울에는 정월에 절이나 신사에 참배하는 '初詣'(정월 첫 참배)라는 행사가 있습니다.

*お盆 : 음력 7월(일본에서는 8월 중순)에 조상을 자손이 맞이하는 기간

2 夏の風物詩、祭り

夏には「祭り」があります。元々、人々が神に祈る目的で始まった祭りは、京都の「祇園祭」、大阪の「天神祭」、東京の「神田祭」、青森の「ねぶた祭」などが有名です。祭りには多くの人々が訪れ、複数の人がかつぐ「神輿」を見ます。神輿は神様の乗り物であるため、地に降ろしてはならないといわれています。

祭りでは、神輿の通る道の両側に夜店と呼ばれる屋台が出ることもあります。屋台の種類は数多くあり、りんごを飴でコーティングした「りんごあめ」や日本のアニメなどにもよく登場する「たこ焼き」「焼きそば」、氷にシロップをかけた「かき氷」、イカをこんがり焼いた「イカ焼き」などが食べられます。食べ物以外にも、お面や「型抜き」などを売る屋台、金魚を紙の網でとる「金魚すくい」、おもちゃの鉄砲で的の商品を当てる「射的」、水に浮かぶヨーヨーを引っ掛けて、取る「ヨーヨー取り」など、夏の風物詩ともいえる光景が見られます。

여름의 풍물시, 마쓰리

여름에는 '祭り'가 있습니다. 원래 사람들이 신에게 기도할 목적으로 시작된 마쓰리는 교토의 '祇園祭', 오사카의 '天神祭', 도쿄의 '神田祭', 아오모리의 'ねぶた祭' 등이 유명합니다. 마쓰리에는 많은 사람들이 방문하여, 여러 사람이 메는 '神輿(신을 모신 가마)'를 구경합니다. 神輿는 신이 타는 것이므로, 땅에 내려놓아서는 안 된다고 합니다.

마쓰리에서는 神輿가 지나가는 길 양쪽으로 '夜店'라 불리는 포장마차가 나오는 경우도 있습니다. 포장마차의 종류는 많은데, 사과를 물엿으로 코팅한 '사과사탕'이나 일본의 애니메이션 등에도 자주 등장하는 '다코야키'와 '야키소바', 얼음에 시럽을 끼얹은 '빙수', 오징어를 노릇하게 구운 '오징어 구이' 등을 먹을 수 있습니다. 음식 이외에도 가면이나 '달고나' 등을 파는 포장마차, 금붕어를 종이 망으로 잡는 '금붕어 뜨기', 장난감 총으로 과녁의 상품을 맞히는 '사격', 물에 떠 있는 요요를 걸어서 잡는 '요요 잡기' 등, 여름의 풍물시라고도 말할 만한 광경을 볼 수 있습니다.

3 キーワードで見る日本文化

● 次の写真に当てはまることばを下から選んで書きましょう。

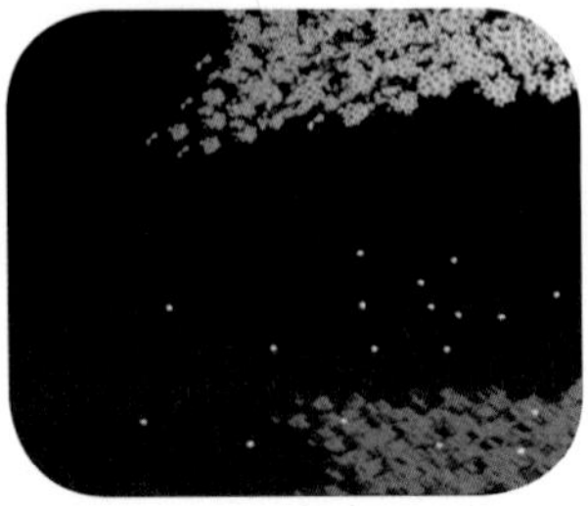

盆踊り　金魚すくい　夜店

夜桜　神輿　うちわ

太鼓　屋形船　はっぴ

4 話してみましょう

1 あなたは、日本の行事の中でどんなものに参加してみたいですか。理由とともに教えてください。(祭りを例にすると、京都の「祇園祭」、東京の「神田祭」、花火では広島の宮島水中花火大会などがあります。)

2 現在、日本では地域の人口の減少や、高齢化といった問題から、祭りを続けられない地域も増えてきています。あなたは祭りを保全していくべきだと思いますか。それとも時代の流れに任せたほうがいいと思いますか。

3 日本の人気のある祭りで「入場料」を課すことについてどう思いますか。

5 調べてみましょう

- 日本やあなたの国の祭りや行事について各地で一年間、どのような行事が行われているか調べてみましょう。

	日本	あなたの国
1月		
2月		
3月		
4月		
5月		
6月		
7月		
8月		
9月		
10月		
11月		
12月		

6 ハロウィン

スコットランド、アイルランドから生まれたハロウィンだが、2000年を超えたあたりから日本でも少しずつ定着しはじめた。それまでは、東京ディズニーランドでハロウィンのイベントが行われていた程度であったが、現在、日本でのハロウィンは、元々の宗教的行事という側面は薄く、コスプレ、仮装の祭典と捉えられている傾向がある。優れた仮装を選ぶハロウィン仮装コンテストなどのイベントも全国で増えている。

しかし、定着してからまだ歴史の浅いハロウィンは、当初、様々な問題も生んだ。例えば、東京都渋谷区で仮装して路上を歩く渋谷ハロウィンでは、ハロウィン後に路上にごみが大量に捨てられたり、着替え場所の不足によって多くのトイレが使用できなくなったり、飲酒などに伴う犯罪も増加したりした。参加者の意識やマナーを指摘する声が次々とあがり、近年は、ある程度解決されてきたようだ。

할로윈

스코틀랜드, 아일랜드에서 생겨난 할로윈이지만, 2000년을 지난 무렵부터 일본에서도 조금씩 정착하기 시작했다. 그때까지는 도쿄 디즈니랜드에서 할로윈 이벤트가 열리는 정도였지만, 현재 일본에서의 할로윈은 본래의 종교적 행사라는 측면은 희박하고, 코스프레나 가장의 제전으로 생각되는 경향이 있다. 뛰어난 가장을 선정하는 할로윈 가장 콘테스트 등의 이벤트도 전국에서 늘고 있다.

그러나 정착한지 이후 아직 역사가 짧은 할로윈은 여러 가지 문제도 낳고 있다. 예를 들면 도쿄 시부야구에서 가장을 하고 노상을 걷는 시부야 할로윈에서는 할로윈 후에 노상에 쓰레기가 대량으로 버려지거나, 옷 갈아입는 장소의 부족으로 대부분의 화장실이 사용할 수 없게 되거나, 음주 등에 동반되는 범죄도 증가하거나 하였다. 참가자의 의식과 매너를 지적하는 목소리도 지속적으로 높아지면서, 최근에는 어느 정도 해결된 것 같다.

문화로 보는 일본어
文化で見る日本語

초판 인쇄	2021년 5월 31일
초판 발행	2021년 6월 4일

저 자	조영남, 채성식, 고마쓰나나, 고이데무네카즈, 주현숙
감 수	가토기요카타
펴 낸 이	김재광
펴 낸 곳	솔과학
디 자 인	블루
등 록	제10-140호 1997년 2월 22일
주 소	서울특별시 마포구 독막로 295번지 302호(염리동 삼부골든타워)
전 화	02-714-8655
팩 스	02-711-4656
E-mail	solkwahak@hanmail.net

ISBN 979-11-87124-84-9 (13730)

값 18,000원